la COCINA sana

Utilísima

la COCINA sana
Utilísima

CECILIA DE IMPERIO

EDITORIAL ATLÁNTIDA
BUENOS AIRES • MÉXICO • SANTIAGO DE CHILE

Producción editorial
MARISA TONEZZER

Corrección
MARISA CORGATELLI

Diseño de tapa
PETER TJEBBES

Diseño de interior y supervisión de arte
CLAUDIA BERTUCELLI

Fotografías
ATILIO PATIÑO

Producción fotográfica
GRACIELA POLAK

Ilustraciones
FERNANDO AYALA

Producción industrial
FERNANDO DIZ

Composición
PANORAMA

Preimpresión
ERCO S.R.L.

A Atilio, a quien le agradezco
estos trece años de felicidad.
En memoria de Mauro y Elian,
que estarán siempre con nosotros.
Al doctor Roberto Badaracco
y a la nutricionista Claudia Gafare,
por su dedicación y apoyo.

Prólogo

Desde épocas remotas se conoce la importancia de la dieta para nuestra salud. Los médicos de la antigüedad utilizaban la "dietoterapia" —terapia a través de los alimentos— como tratamiento para muchas enfermedades, dado que contaban con escasos medicamentos.

Hoy en día conocemos los perjuicios que algunos alimentos o formas de cocción causan a nuestro organismo. Por ejemplo, sabemos, mediante el estudio de Farinham de 1977, que las grasas exógenas —es decir, las grasas de origen animal que ingerimos— aumentan el colesterol. Pero también, erróneamente, cada vez que hablamos de "comer sano" pensamos en comida poco gustosa, en que no podemos comer lo que nos gusta, en una alimentación "aburrida". Nada más equivocado.

Si al querer planear una alimentación sana nos resulta aburrida, es porque no supimos elaborarla. En este libro, Cecilia de Imperio va a demostrarnos y tratar de enseñarnos (pues aprender es un trabajo de dos: el que enseña y el que aprende) que comer sano puede ser también comer rico y que perder cinco minutos en la cocina es invertir en calidad de vida.

Considere la comida como una aliada para su salud.

No persiga un inalcanzable "peso ideal". Trate de lograr y mantener un peso saludable a través de una buena alimentación, rica y sana.

Recuerde que para una mejor calidad de vida es importante cumplir determinadas pautas:

• **Orden alimentario:** Cantidad y distribución de las ingestas diarias (no menos de cuatro comidas diarias, con ayunos de no más de cuatro horas). Hay que ingerir diariamente todos los alimentos, respetando las leyes de la alimentación.

Cuidado: el desayuno y la merienda son tan importantes como el almuerzo y la cena.

• **Líquidos:** El agua debe ser su bebida principal; se debe ingerir con frecuencia desde el desayuno.

• **Cantidad:** La alimentación debe ser suficiente para cubrir las exigencias calóricas del organismo y mantener en equilibrio todos los nutrientes que son importantes para conservar la estructura y composición de los tejidos.

• **Calidad:** El plan de alimentación debe ser completo en su composición para ofrecer al organismo todas las sustancias que lo integran.

• **Armonía:** Todos los nutrientes que integran la alimentación deben tener una relación proporcional entre sí.

• **Adecuación:** La finalidad de una buena alimentación está supeditada a su adecuación al organismo.

Recuerde: "Mejorar la calidad de vida es quererse a uno mismo".

DOCTOR ROBERTO J. BADARACCO

Médico especialista en obesidad, miembro de la Asociación Argentina de Obesidad y Director Médico de la Clínica de Obesidad y Nutrición (C.O.Y.N.) de Mar del Plata y Capital Federal.

Introducción:
Salud, belleza y dieta

Yo empezaría este libro preguntando: ¿Le gusta la vida? Porque si la respuesta es "sí", le van a gustar mis recetas. De veras creo que una persona que quiera sentirse, verse y vivir bien —no voy a discutir si muchos o pocos años, pero seguramente buenos— tiene que ver más allá del exquisito sabor de un plato, tiene que pensar qué le está aportando, de qué modo ayuda a que su cuerpo se mantenga sano y le permita llevar una vida saludable. Y para todos los que piensan: "Total, qué me importa, si de algo tenemos que morir", les aclaro que el cuidado que le hemos dado a nuestro organismo se ve reflejado mucho antes de que desaparezcamos de este mundo, y sólo es uno el que empieza a cargar con esos achaques veinte o hasta treinta años antes de morir.

Con esto no quiero decir que las recetas de este libro sean feas o no tengan atractivo. **Al contrario, lo que intento destacar es justamente que no sólo son platos riquísimos sino que además son sanos.**

Me atrevería a decir que hace unos años un libro como éste hubiera sido una *rara avis*, un material no muy apetitoso para las editoriales. Por suerte, hoy en día la situación ha cambiado por completo. Cada vez crece más y más en la sociedad la conciencia de la necesidad de comer sano. Científicos de todo el mundo han realizado numerosos estudios, algunos durante años, que demuestran lo errado de nuestra forma tradicional de comer. El alto nivel de grasas, colesterol y azúcar, así como el bajo nivel de fibras que constituyen la base de nuestra alimentación, son responsables de muchos de nuestros problemas de salud, y es por ahí por donde hay que empezar a cambiar.

Que los ataques cardíacos sean la principal causa de muerte en nuestro país y en gran parte del mundo occidental se debe a los llamados "factores de riesgo". Éstos son: el exceso de peso, el tabaquismo, alto nivel de colesterol, hipertensión, sedentarismo, pertenencia al sexo masculino. Salvo este último, todos los anteriores pueden ser controlados por nosotros.

Por eso, si su deseo es mantenerse joven, antes de invertir en cosméticos o cirugía (que me parece estupendo), sería bueno que reflexionara sobre qué es la vejez. En mi opinión, no se mide por las canas o por algunas arrugas, sino por el grado de vitalidad. Una persona que tiene las arterias limpias, con sangre que fluye fácilmente, músculos firmes y neuronas ágiles definitivamente es una persona joven, y sin duda su apariencia también lo será. **La salud y la belleza van de la** mano. Por eso una dieta sana, equilibrada y sabrosa embellece a la persona, hace que se sienta y se vea más linda. Nuestro cuerpo y la imagen que de él tienen los demás no es otra cosa que la apariencia de nuestro interior, y una alimentación armónica deviene en una apariencia atractiva.

La piel, el cabello, las uñas, y hasta el brillo de la mirada mejoran de manera notable con una buena alimentación.

Controlar estos puntos a través de la dieta y del ejercicio está en nosotros. Ahora bien: una dieta no tiene por qué ser algo aburrido, restrictivo y angustiante. La mayoría de las recetas que encontrará en este libro le gustarán tanto que pasarán a constituir sus comidas diarias, lo que consideraré un triunfo personal. Y es más: puedo asegurar que cuando invite amigos, las preparará y recibirá muchas felicitaciones.

No estoy proponiendo que nunca más coma una torta de chocolate, sino que cada tanto coma una pequeña porción. **Hay que convencerse de que una dieta bien balanceada simplemente significa comer más de algunas comidas y menos de otras. La consigna es: calidad más que cantidad.**

¡Que todo le salga rico, rico, rico!

CAPÍTULO 1

Por qué es mejor comer sano

La cocina sana:
Una vida saludable

En los últimos tiempos se ha hablado mucho de la Dieta Mediterránea, que simplemente es cómo come la gente que vive en el Mediterráneo y cómo, gracias a ello, ha logrado una vida larga y saludable. Más allá de los factores ambientales, como el vivir más en contacto con la naturaleza, con menos estrés, durmiendo siesta y demás, en el aspecto alimenticio se destaca el alto consumo de hidratos de carbono —especialmente a través de cereales integrales, legumbres y vegetales— así como la importante presencia de frutas, pescados y aceite de oliva dentro de la denominada alimentación mediterránea. A pesar de no ser vegetarianos, el consumo de carnes rojas y derivados de ellas es bastante bajo.

Esta forma de comer es el vivo ejemplo de la última novedad en nutrición: la **pirámide alimentaria.** La pirámide sintetiza la dieta e ilustra tres conceptos fundamentales, que son: variedad, moderación y proporcionalidad entre los diferentes grupos de alimentos.

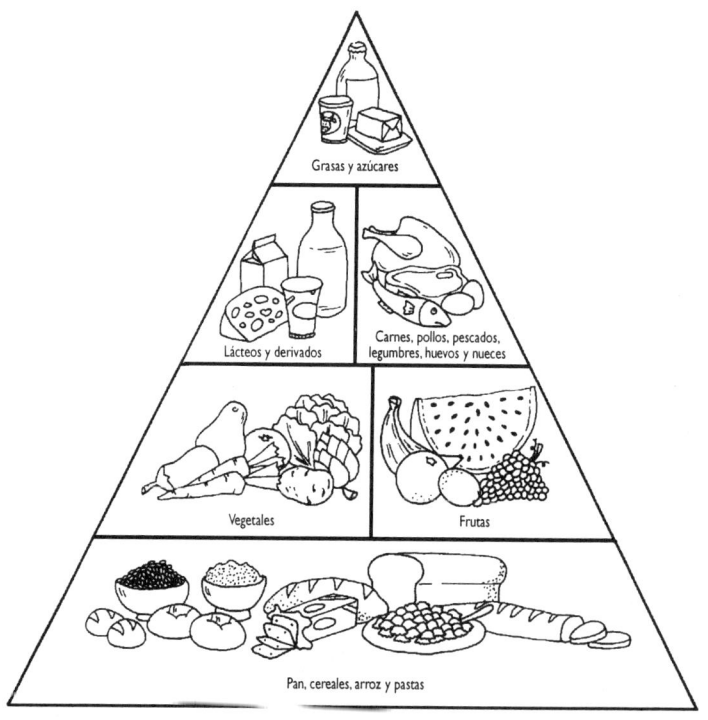

Grasas y azúcares

Lácteos y derivados

Carnes, pollos, pescados, legumbres, huevos y nueces

Vegetales

Frutas

Pan, cereales, arroz y pastas

En la base de la pirámide encontramos el grupo del pan, los cereales, el arroz y las pastas, ricos en hidratos de carbono complejos, que deben ser los de mayor consumo diario. El segundo escalón en la pirámide está representado por el grupo de los vegetales y el de las frutas; ambos aportan fibra, minerales y vitaminas. Si seguimos subiendo —viendo, al mismo tiempo, cómo se achica la pirámide— encontraremos el grupo conformado por la leche, el yogur y los quesos, y el grupo de las carnes, el pollo, el pescado, las legumbres secas y los huevos, que son de fundamental importancia por su aporte de proteínas y calcio. En la punta de la pirámide se halla el grupo de las grasas y los azúcares, que deben ser los alimentos de menor consumo.

Simplificando, lo que la pirámide alimentaria nos quiere decir es que tenemos que consumir más hidratos de carbono (preferentemente complejos) y menos grasas.

¿Cómo se logra? Sólo volviendo a la cocina. No por horas y horas, ya que para poder cumplir con este plan de alimentación es fundamental que las recetas sean prácticas. Pero no nos engañemos: no hay nada más rápido (dudo que alguien se atreva a decir que no hay nada más rico) que unas salchichas con puré instantáneo. Lástima que no nos va a servir para vivir más y mejor. Esto se relaciona con lo que he bautizado la **autorresponsabilidad alimentaria**. Si me hago responsable de mi bienestar, si comprendo que mi autoestima está ligada a cuidarme, algo así como "porque me quiero me cuido", entonces es posible que **vea a la comida como una aliada** que me va a ayudar a sentirme mejor conmigo mismo. Aclaro que no estoy hablando de obsesionarse con la dieta buscando un inalcanzable peso ideal sino de lograr, con paciencia y tiempo, un *peso saludable*.

Los hábitos alimentarios para una buena dieta

Para lograrlo es conveniente que desarrollemos los siguientes **hábitos alimentarios**:
- No comprar los alimentos que no deben comerse.
- Aprender a satisfacerse con alimentos livianos y sanos (por ejemplo, un durazno a punto, bien jugoso).
- Desgrasar *siempre* los alimentos antes de cocinarlos.
- Privilegiar los sistemas de cocción al vapor, de microondas y usar baterías antiadherentes.
- Sustituir el azúcar por edulcorante o muy poca miel.

- Salar menos y reemplazar con jugo de limón, vinagre, hierbas y especias.
- Experimentar con los sabores agridulces (implican menos grasa y sal).
- Desechar la manteca y la margarina, usando en su lugar poco aceite, en especial de oliva.
- Consumir mucho más pescado (con las tentadoras recetas que encontrará en este libro lo logrará fácilmente).
- Elegir lácteos descremados.
- Aumentar el consumo de cereales integrales y legumbres, ya sea ubicándolos como guarnición o como plato principal.
- Usar la técnica de asar (véase capítulo siguiente) para cocinar todo tipo de carnes al horno.
- Cuando se cocine carne, elegir los cortes más magros.
- Desayunar con tostadas de pan integral untadas moderadamente con miel o dulces, en lugar de galletitas (tienen mucho colesterol, grasas saturadas y sodio).
- Cumplir con el famoso proverbio: *desayunar como un príncipe, almorzar como un rey y cenar como un mendigo*. Es más lógico, ya que necesitamos mayor cantidad de energía para empezar el día, no al culminarlo.
- Leer las etiquetas de los productos que compra para saber qué contienen (si es que milagrosamente dicen algo) y, si puede, no comprar aquellos que omiten sus componentes.
- Planificar las comidas de la semana antes de ir al supermercado y mantenerse dentro de esa pauta en el momento de la compra.
- Cuando se tiene tiempo, cocinar en cantidad, dividir en porciones y guardar en el freezer (lo sacará de más de un apuro sin terminar en las famosas salchichas).
- Preparar entradas con hortalizas o legumbres cuando se va a consumir carnes, o acompañarlas con una gran porción de aquéllas.
- Cocinar un día antes y guardar en la heladera para que se intensifiquen los sabores.
- Si va a tomar alcohol, poner en la mesa dos copas o vasos; llenar uno con agua y tomarla primero. Mucha gente ingiere más alcohol porque tiene sed y no es éste el que la sacia, sino el agua, que además no contiene calorías.
- Tomar gran cantidad de agua (nuevamente recomiendo tener a mano siempre un vaso).
- Comer despacio, paladeando bocado a bocado; produce más satisfacción.

Si adquiere estos hábitos alimentarios, es muy posible que cambie de manera radical su visión de lo que es una buena dieta. Comprenderá que no es un período pasajero en el que uno se sacrifica, se tortura "matándose de hambre". Ese tipo de mal llamadas dietas sólo sirve para desencantar a la gente, al hacerla bajar de peso tan rápidamente como se vuelve a subir, porque no se ha perdido grasa —diferencia fundamental— sino agua y músculo, los cuales se pierden tan velozmente como se recuperan. Por eso en un régimen adecuado (obviamente depende de cuánto se necesite bajar) no se puede esperar perder más de 1 kg por semana e incluso lo normal es 500 g, pues la grasa se pierde más lentamente; pero no vuelve al otro día.

No quiero terminar este capítulo sin destacar **los beneficios que produce planificar nuestra alimentación de un modo consciente:**

- Uno se ve y se siente mejor.
- Tiene más vitalidad y energía.
- Paulatinamente se alcanza un peso saludable.
- Se fortalecen los huesos.
- Se está en mejores condiciones de soportar el estrés.
- Se reduce el riesgo de problemas cardíacos.
- Aumenta la inmunidad del sistema defensivo.
- Se está y se luce más joven.

TABLA DE CALORÍAS DE LOS PRINCIPALES ALIMENTOS (cada 100 g)

Aceite	900	Espinaca	25
Aceitunas verdes	120	Fideos	330
Acelga	30	Huevo entero	150
Alcauciles	30	Jamón cocido	200
Almejas	75	Leche entera	60
Apio	20	Leche descremada	40
Arroz	360	Lechuga	15
Atún en aceite	280	Manteca	700
Atún fresco	140	Mayonesa	800
Bananas	90	Pan	330
Brócoli	30	Panceta	450
Brote de soja	45	Papas	75
Calabacita	35	Pescado	entre 70 y 140
Camarones	80	Queso blanco	150
Carne blanca del pollo	115	Queso blanco dietético	70
Carne oscura del pollo	135	Queso cuartirolo	350
Carne vacuna magra	200	Queso port salut	230
Carne vacuna gorda	400	Queso semiduro (Mar del Plata)	350
Champiñón	15	Queso duro (de rallar)	400
Cerdo magro	260	Remolacha	45
Chauchas	30	Ricota entera	180
Clara de huevo	50	Ricota descremada	130
Coliflor	30	Salchichas	290
Conejo	100	Tomate	25
Cordero magro	150	Zanahoria	50
Crema	400	Zapallito	18
Espárragos	20		

CAPÍTULO 2

La nueva forma de cocinar

Técnicas de cocción de la cocina sana

El modo como cocinamos los alimentos es la clave para convertirlos en un plato sano. De nada sirve que yo elija las mejores hortalizas de la mejor huerta orgánica para hacer una comida liviana, si luego las frío en abundante aceite, las sumerjo en crema o las cocino en pura manteca. Por eso es muy importante tener en cuenta estas técnicas de cocción:

COCCIÓN AL VAPOR

figura **1**

figura **2**

El vapor es una manera perfecta de conservar todas las vitaminas y minerales de los alimentos, además de su auténtico aroma, sabor, color y textura, ya que el contacto con el agua —que es el principal agente activo— es indirecto. En nuestro país se vende un vaporizador de metal plegable sumamente práctico y económico (figura **1**), el que se utiliza ubicándolo dentro de una cacerola con no más de 2 cm de agua. Sobre él se ubican los alimentos **sin encimarlos**, y se cubren con la tapa, que debe ser hermética (figura **2**). Se requiere fuego moderado suave y cocción corta. Por ejemplo: flores de brócoli, 1 y 1/2 minuto; chauchas, 2 y 1/2 minutos; rodajas delgadas de zanahoria, 3 minutos. Se busca que el alimento quede crujiente. En la actualidad se consigue también el famoso vaporizador de bambú, un objeto sumamente útil además de pintoresco, ya que tiene más capacidad pues consta de dos pisos para acomodar los alimentos. Si no posee un *wok* (sartén chino) recomiendo colocar el vaporizador sobre una cacerola de igual diámetro, con agua hasta la mitad, y cocinar a *fuego mínimo* (de lo contrario el vaporizador se puede quemar). Este implemento se lava únicamente con jabón blanco y se deja secar antes de guardarlo. Los vaporizadores eléctricos son los de mayor capacidad pero también de precios no tan accesibles.

VAJILLA ANTIADHERENTE

Absolutamente infaltable en esta línea de cocina, ya que es la clave para cocinar casi sin grasas. Una batería mínima para quien quiera introducirse en serio en este tema es: una sartén grande, una sartén chica, una cacerola grande, una cacerolita, una fuente para horno y recomiendo también una panquequera, pues muchas recetas de este libro la requieren.

Siempre hay que incluir un poco de grasa, no tanto porque los alimentos puedan adherirse, sino por la textura y el sabor que aporta. La ideal es el aceite, preferentemente de oliva. El fuego debe ser entre moderado y suave, para no "arrebatar" el alimento (a menos que ése sea el efecto buscado). Los utensilios para mezclar o revolver deben ser de plástico resistente o madera; nunca de metal, porque rayan el revestimiento (figura 3).

La calidad de los antiadherentes varía según las marcas; yo recomiendo las baterías pesadas de teflón de color gris oscuro con un ligero perlado. Son más caras, pero puedo asegurar, por propia experiencia, que su rendimiento es mayor. De todos modos, hoy en día surgen nuevos materiales, como aleaciones especiales, metales siliconados y otros, que vale la pena probar.

TÉCNICA DE ASAR

Cuando se trata de cocinar una carne, ave o pescado en forma saludable, no hay nada mejor que esta técnica de cocción al horno. No sólo se desgrasa mucho el alimento, sino que también toma un tono dorado perfecto.

figura **3**

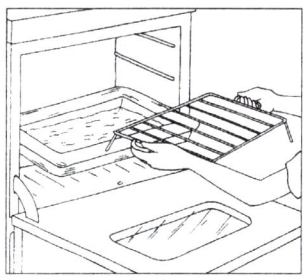

figura **4**

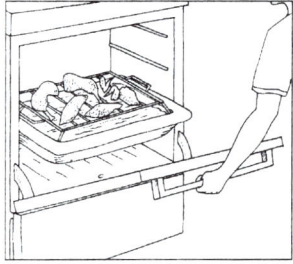

figura **5**

Lo único que se necesita es una rejilla de metal con patitas o asas, de las que se venden en los bazares (figuras **4** y **5**).

Se la ubica dentro de una asadera con no más de 2 cm de agua, de modo tal que **el agua no toque la rejilla**. En el agua se pueden poner hierbas o especias para aromatizar. Sobre la rejilla se extiende el alimento y se cocina los primeros 15 o 20 minutos (depende de la carne de que se trate) a fuego fuerte y el resto a fuego moderado. Cuando termine de cocinar, échele un vistazo al agua; todas las burbujas que vea serán la grasa que podría haber absorbido su organismo.

MICROONDAS

Es un verdadero aliado de mi cocina, pues al cocinar con poca o ninguna grasa y agua permite que los alimentos conserven casi todas sus propiedades nutritivas. ¿Qué más sano que una papa que se cocina en su propia piel? ¿O una cebolla que se asa en sus propios jugos? ¡Y el sabor que tienen!

Además, el microondas aporta una gran cuota de practicidad a este tipo de cocina, ya que trabaja sin humo ni olor, no emite calor hacia el exterior y reduce el tiempo de cocción a la mitad, o menos. Esto lo puede comprobar cualquiera que, en vez de hervir las remolachas media hora en una cacerola (que después hay que limpiar con bastante esfuerzo) las pone enteras con un poquitito de agua en una bolsa tipo freezer, pinchada, y las tiene listas en 15 minutos (figura **6**).

Si bien no pretendo ponerme a escribir un libro sobre microondas, le brindo aquí unos consejitos para que todo le salga bien:

• Utilice vajilla de microondas, como fuentes térmicas, de cerámica, porcelana,

figura **6**

plásticos duros, bolsas gruesas tipo freezer y papel film. En el caso de las fuentes, elíjalas del mismo formato que la bandeja de su aparato. Recuerde que no se puede usar vajilla ni accesorios que sean o tengan algo de metal.

• Pruebe sus platos para ver si sirven para cocinar o calentar en ellos. Simplemente llénelos con un poco de agua y cocine 1 minuto en máximo. Si el plato está caliente y el agua fría, no sirve. Si el plato está tibio y el agua tibia, es pasable. Si el plato está frío y el agua caliente, es perfecto.

• Las distintas marcas tienen diferentes potencias; por eso no todos los microondas cocinan en el mismo tiempo un mismo alimento. Lo ideal es ir probando, ya que la puerta se puede abrir mil veces, hasta ver cuáles son los tiempos de su microondas. En cuanto a la graduación, el máximo es para cocinar normalmente y el 50% es para descongelar. El 70% es prácticamente un moderado suave, ideal también para reemplazar cocciones del tipo de baño de María.

• Para que la comida se cocine de un modo parejo hay 3 temas a tener en cuenta: revolver, revolver y revolver.

• El tiempo de cocción está en relación con la cantidad de alimentos. No es lo mismo cocinar una papa que cuatro; por eso se deberá aumentar en forma ligeramente proporcional. Como es obvio, también se cuece en menos tiempo el alimento cortado en pequeños trozos que el mismo alimento entero.

• Para obtener una cocción pareja, además de revolver hay que cortar los ingredientes de un tamaño similar.

• Cuando busque que algo mantenga una textura crocante, cocine en máximo, sin tapar. En el caso de querer descongelar o calentar una preparación con masa —pizza, empanadas, tarta— ubíquela previamente sobre una servilleta de papel y cocine. Si, por el contrario, lo que busca es una textura húmeda (que el alimento no se reseque), cúbralo con una tapa o con papel film antes de cocinarlo.

• Un último consejo: condimente con hierbas y especias. A las carnes coloréelas con pimentón, cúrcuma, salsa de soja, de hongos o Worcester.

Mis hierbas
y especias preferidas

A lo largo de este libro se encontrará con el fenogreco, la ajedrea, el cardamomo... no piense que se equivocó en su elección y éste es un tratado de cocina hindú. Simplemente **el alma de una cocina más sana es el uso de condimentos como las hierbas y especias.**

Para que se vaya familiarizando con ellas haré una reseña de las principales y sus usos.

Ciboulette

Ajedrea: Apta para todo tipo de guisos, legumbres, crucíferas (brócoli, coliflor, repollo, repollitos de Bruselas), cocciones a la cacerola, carnes. Propiedades digestivas y antiflatulentas.

Bouquet garni: Mezcla de orégano, tomillo, laurel, albahaca, perejil, buenísima para utilizar en carnes, salsas de tomate, escabeches, aves. También con este nombre se conoce el ramito hecho con laurel, tomillo y perejil frescos.

Cardamomo: Sabor exótico, entre cítrico y mentolado, ligeramente parecido al eucalipto, lo que lo hace perfecto para repostería y muy distintivo en aves y mariscos.

Chile: También denominado "ají de la mala palabra", se lo puede conseguir fresco en algunas verdulerías. En la mayoría de las recetas se lo utiliza seco y molido. Constituye un sabroso toque picante para todo tipo de comidas.

Ciboulette: Hierba aromática de la familia de la cebolla. En vez del bulbo se usan las delgadas hojas, picadas o cortadas a tijera, para dar un intenso y perfumado sabor similar al de la cebolla en todo tipo de platos.

Clavo de olor: De sabor muy fuerte, se debe utilizar en muy poca cantidad para carnes, cerdo, preparaciones agridulces y repostería.

Enebro

Comino: Es una semilla que general-mente se comercializa molida, muy utili-zada en la cocina del norte argentino. Su fuerte sabor es muy indicado para carnes, hortalizas dulces y guisos.

Coriandro: Es una semilla que se encuentra tanto entera como molida (se puede pulverizar con el molinillo de pimienta). De suave sabor entre heno y limón, resulta ideal para todo tipo de alimentos.

Cúrcuma: Tubérculo que se vende seco y molido, cuya principal característica es la de dar un hermoso tono amarillo a la comida. Es el componente básico del curry.

Curry: Esta inconfundible mezcla de especias, que hace exquisito cualquier pla-to, la podrá encontrar en tres variedades: *mild* (suave), *hot* (picante) y Madras (extrapicante).

Enebro: Bayas de un pino —el juniperus communis— que tienen un gus-to a resina y a gin muy particular. Se lo usa para la preparación de aves, carnes de cordero y caza; es también muy adecuado para escabeches.

Eneldo: Es una semilla apenas anisada, deliciosa para pescados, mariscos, papas, arroz y hortalizas. Generalmente no se muele.

Eneldo

Estragón: Es la más fina y delicada de las hierbas aromáticas, siempre que pertenezca a la variedad francesa, ya que la variedad rusa es absolutamente inservible en la cocina. Su particular toque anisado resulta ideal para pescados, aves, mariscos o salsas lácteas.

Fenogreco: Es una semilla aromática sumamente alimenticia —a tal punto que la planta es utilizada como forrajera— con un sabor que se asemeja al de la nuez amarga. Típico de los platos hindúes, pulverizado se puede utilizar en muchos platos.

Estragón

Mejorana

Mostaza

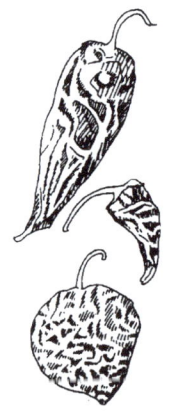

Páprika y pimentón

Fines herbes : También muy conocida como "hierbas finas", es una mezcla de estragón, tomillo, albahaca y perejil. Ideal para aves, pescados, mariscos, salsas a base de lácteos y platos de sabor delicado.

Garam masala : Mezcla de especias de origen hindú muy adecuada para salsas, guisos, hongos, carnes y hortalizas dulces.

Jengibre: Infaltable en mi cocina, este rizoma cítrico y picante se puede utilizar tanto fresco y picado como seco, entero o molido. Este último —que es más dúctil— es el que utilizo en la mayoría de los platos como reemplazo de la pimienta, pues no tiene sus contraindicaciones.

Mejorana: Pariente muy cercana del orégano, es más perfumada y refinada, incluso un poco más dulce. Constituye un toque diferente en carnes, aves, hortalizas y legumbres.

Mostaza: Las diminutas semillas de mostaza poseen un sabor tan agradable como dúctil, ya que la variedad amarilla —que es la que más se vende en el país— se puede utilizar en los más variados platos.

Páprika y pimentón: Si bien ambos pertenecen a la misma familia —capsicum anuum—, la gente asocia a la primera con el picante y al segundo con el dulce. En realidad tanto la páprika como el pimentón poseen una variedad dulce y una picante, y la mayor diferencia entre ambos radica en el perfume que tiene la páprika proveniente de Hungría. Una y otro son ideales para guisitos argentinos, *goulash*, salsas de tomates y mil recetas más.

Pimienta de Jamaica: Similar al clavo de olor, ya que también contiene su principal esencia, el eugenol. Es, sin embargo, mucho más suave y al mismo tiempo más compleja, ya que tiene reminiscencias de nuez moscada y canela,

Romero

Salvia

Tomillo

aunque no de pimienta pues no es picante. Sustituye muy bien al clavo de olor tanto en preparaciones saladas como dulces.

Pimienta: Si bien en general recomiendo la blanca para aves, pescados, mariscos y platos suaves, y la negra para carnes, salsas y platos de mayor sabor, se trata de un gusto personal, que dejo a su criterio. Lo que aconsejo, sí o sí, es comprarlas enteras y molerlas en el momento, agregándolas al final de la cocción, después de apagar el fuego.

Quatre épices: Mezcla de especias clásica de la cocina francesa, muy adecuada para salsa bechamel, aves, cerdo, hongos y legumbres.

Romero: Su sabor ligeramente alcanforado es tan inconfundible como fuerte, por eso, para que de un toque exquisito, se lo debe utilizar con moderación. Especial para salsas de tomate, carnes, legumbres y hortalizas que no sean dulces.

Salvia: Distinto sabor —más mentolado— pero iguales usos que el romero.

Sésamo: Una verdadera semilla aromática que nos brinda toda su fragancia en la medida en que se tueste. Para eso hay que ponerla en una sartén limpia y a fuego suave dorarla apenas. Se puede guardar en un frasco para tenerla siempre a mano y usarla en todo tipo de comidas. Molida a polvo con un poco de sal es el típico "gomasio" de la cocina naturista.

Tomillo: La planta que yo llamo "el bonsai de las aromáticas". Compensa el mínimo tamaño de sus hojas con el intenso sabor que tienen. Emparentado lejanamente con el orégano, el tomillo es más concentrado, más fuerte, por lo que resulta ideal para carnes, guisos, legumbres, sopas de hortalizas y todo plato al que se desee dar un sabor que defina.

Guía para leer mis recetas

Las recetas que encontrará a lo largo de este libro están diseñadas de manera tal que pueda captar de un modo simple y rápido cómo es cada una de ellas antes de comenzar a prepararlas. La mayoría es para cuatro personas.

Su estructura es la siguiente:

• **Qué se necesita:** una enumeración de los ingredientes necesarios para preparar el plato, así como las cantidades sugeridas.

• **Cómo se prepara:** una explicación paso a paso de la elaboración culinaria.

• **Cuándo se recomienda:** qué problemas de salud puede contribuir a aliviar esa comida.

• **Por qué:** las razones —desde un punto de vista nutricional— que avalan la recomendación anterior.

También encontrará en todas las recetas el **Cuadro de análisis práctico**, que le permitirá saber de cada plato, con un simple vistazo, el grado de complejidad, el tiempo que le llevará realizarlo, el costo, el nivel de calorías y para qué ocasión es más adecuado. A continuación una explicación de lo que significa cada uno de los símbolos.

Grado de complejidad:	**SUPERFÁCIL**	**FÁCIL**	**ELABORADO**
Tiempo:	**MUY RÁPIDO**	**RÁPIDO**	**NO TAN RÁPIDO**
Costo:	**MUY ECONÓMICO**	**ECONÓMICO**	**MENOS ECONÓMICO**
Calorías:	**BAJAS CALORÍAS**	**CALORÍAS INTERMEDIAS**	**ALTAS CALORÍAS**
En qué ocasión:	**COMIDA DIARIA**	**COMIDA DIARIA ESPECIAL**	**COMIDA PARA RECIBIR**

Cómo organizar
un menú saludable

Un menú está compuesto de: primer plato o entrada, plato principal y postre.

La primera regla de oro es que no se debe reiterar el ingrediente principal entre uno y otro plato. Por ejemplo: si hacemos una entrada con una *mousse* de ave, el plato principal no sólo no debe ser de ave sino que incluso no debe ser de carnes, es preferible que sea de cereales, pastas u hortalizas.

También se debe tener en cuenta no caer en reiteraciones de texturas de comidas. ¿Qué quiere decir esto? Que si la entrada es la ya mencionada *mousse* de ave, el postre no debe ser *mousse* de frutillas.

Y no hay que olvidarse de las temperaturas de los platos. Si hago una entrada caliente, supongamos una sopa, estoy prácticamente obligada a hacer un plato principal caliente, ya que de lo contrario no se lucirá lo suficiente. Más lógico es plantear una entrada fría y un plato principal caliente.

Hay muchos otros aspectos que si se quiere se pueden tener en cuenta, pero son tan personales o dependen tanto de lo que se usa o está de moda, que considero que lo más importante ya está dicho.

Paso entonces a dar ejemplos de cómo, con las recetas de este libro, se pueden armar excelentes menús:

1 • **Entrada:** Ensalada de tomates en azul / **Plato principal:** Salmón & escalibada / **Postre:** *Mousse* de naranja.

2 • **Entrada:** Ensalada Caprice / **Plato principal:** Lomo a las hierbas / **Postre:** Pionono anticolesterol con frambuesas.

3 • **Entrada:** *Mousse* del Medioevo / **Plato principal:** Ravioles de color naranja / **Postre:** Frutillas con aroma a azahares.

4 • **Entrada:** Sopa crema de brócoli al coriandro / **Plato principal:** Paquetitos con aroma a mar / **Postre:** *Strawberry Fields*.

5 • **Entrada:** Delicioso sandwich de pollo de mar / **Plato principal:** Hortalizas al estilo hindú / **Postre:** *Mousse* de mango.

CAPÍTULO 3

Platos fríos de hortalizas: sanos y deliciosos

Clasificación de las hortalizas según su contenido de carbohidratos

Las hortalizas son las plantas herbáceas cultivadas en la huerta, de las que se utilizan las raíces, tubérculos, tallos, hojas, flores o frutos.

Según la parte de la hortaliza que se emplee será su contenido en fibras, aunque rondan entre 0,5 y 2 g cada 100 g.

En general poseen una alta proporción de agua, entre 70 y 95 %, y un bajo nivel de calorías y lípidos. Si bien las vitaminas varían de acuerdo con cada hortaliza, se puede decir que predominan las vitaminas A y C. Son ricas en potasio y en su gran mayoría son pobres en sodio (salvo la remolacha, el apio, la espinaca y la acelga).

Según su contenido en hidratos de carbono, tradicionalmente se las clasifica en tres grupos:

A. Este grupo contiene en promedio 3% de hidratos de carbono, por lo que es bajo en calorías. Incluye a la acelga, el morrón o pimiento, el apio, la berenjena, el berro, la coliflor, el espárrago, la espinaca, la lechuga, el pepino, el rabanito, la radicheta, el repollo, el tomate, el brócoli, el zapallito, la escarola, el hinojo, el repollito de Bruselas.

B. Hasta en promedio 10% de contenido en hidratos de carbono, por lo que es de calorías intermedias. Comprende el alcaucil, la arveja fresca, la cebolla, la chaucha, el nabo, el palmito, la remolacha, la zanahoria, el zapallo, el puerro.

C. En promedio tienen 20 % de hidratos de carbono, por lo que es el grupo de más altas calorías dentro de las hortalizas. Por supuesto que casi todos sabemos cuáles son, ya que en alguna dieta de las clásicas nos las han prohibido: batata, choclo, mandioca, papa.

Esta clasificación es tradicionalmente utilizada por los nutricionistas para dar una dieta basada en el cálculo de calorías. Si bien no es mi intención polemizar con ellos, en la actualidad existe un nuevo enfoque, en un nivel mundial, que privilegia la calidad del alimento por encima de su aporte calórico e incluso se preocupa mucho más por el nivel de grasas que contenga un determinado alimento que por su proporción de hidratos de carbono.

De allí que hoy en día la **pirámide alimentaria** tenga en su base a los cereales y hortalizas y en la parte superior las carnes y los alimentos grasos. Una filosofía a la que adhiere este libro de la primera a la última página.

Por eso deseo que todas las recetas de hortalizas que encontrará a continuación sean las que practique con más asiduidad.

¡Manos a la huerta!

(Ver foto) # Paleta de pintor

 FÁCIL    RÁPIDO    ECONÓMICO

⌂ CALORÍAS INTERMEDIAS   🍴 COMIDA PARA RECIBIR

■ QUÉ SE NECESITA

1 lata de atún al natural escurrido • 2 pepinos • 1/2 taza de porotos de soja remojados • 2 tomates redondos rojos y firmes • 1 taza de granos de choclo congelados • 2 zanahorias • 1 planta de lechuga (preferentemente mantecosa) • 1 atado de espárragos
Aliño: 100 g de queso blanco dietético • 50 g de mayonesa sin colesterol • 1 chile fresco sin semillas, picado (ají de la mala palabra) o 2 cucharadas de salsa Tabasco • 1 cucharada de coriandro/cilantro fresco picado o 2 cucharaditas de semillas de coriandro molidas • 1 diente de ajo muy picado • 3 cucharadas de vinagre de manzana • agua, cantidad necesaria.

■ CÓMO SE PREPARA

• Hervir los porotos en abundante agua hasta que estén cocidos (aproximadamente 60 minutos).
• Pelar los pepinos y dejarlos en un colador espolvoreados con sal gruesa, por lo menos 40 minutos. Enjuagar.
• Cocinar los granos de choclo al vapor durante 3 minutos o en microondas 2 minutos.
• Cortar los últimos 5 cm de la base a los espárragos y cocinar al vapor, aproximadamente 10 minutos (o cocinar en una bolsa pinchada con apenas de agua en el microondas 5 minutos).
• Rallar la zanahoria y cortar en rodajas el tomate.
• Separar las hojas de lechuga, lavarlas y escurrirlas bien.
• Licuar o procesar todos los ingredientes del aliño, adicionando agua hasta obtener una salsa ligera.
• Tomar una fuente grande (o por qué no una paleta de pintor grande nueva) y ubicar en el centro las hojas de lechuga y sobre ellas "desmoldar" la lata de atún. Hacer en derredor toda una franja de rodajas de pepino y tomate. Ubicar en extremos opuestos los granos de choclo y los porotos de soja y en ángulo poner las zanahorias y los espárragos.
• Servir con el aliño en salsera.

CUÁNDO SE RECOMIENDA	PORQUE
• Para corregir desequilibrios nutritivos y combatir el colesterol alto y la hipertensión (en este caso reemplazar el atún en lata por atún fresco).	• Los ingredientes aportan variados nutrientes, con mucha fibra y muy bajo colesterol.

Ensalada perfumada a la nuez

 SUPERFÁCIL

 MUY RÁPIDO

 MENOS ECONÓMICO

BAJAS CALORÍAS

COMIDA PARA RECIBIR

■ QUÉ SE NECESITA

150 g de queso fymbo dietético • 1 planta de lechuga mantecosa • 1 atado de rúcula, radicheta o berro • 100 g de champiñones frescos
Aliño: 1 cucharada de nueces peladas • 4 cucharadas de aceite de maíz • 3 cucharadas de jugo de limón • 2 cucharadas de vino blanco • pimienta blanca, a gusto

■ CÓMO SE PREPARA

• Lavar bien la lechuga y la rúcula o radicheta. Escurrir y poner en una fuente.
• Lavar los champiñones. Filetearlos.
• Cortar en finas láminas el queso con pelapapas o con un cortador especial.
• Acomodar el queso y los champiñones por encima de las hojas verdes.
• Poner el aceite en un cucharón y colocar dentro las nueces. Calentar sobre el fuego hasta que suelte un pronunciado perfume a nuez. Retirar del fuego y reservar.
• Hacer el aliño batiendo la sal (si optó por ella) con el jugo de limón y el vino blanco. Una vez diluida la sal incorporar el aceite perfumado a la nuez (sin las nueces) y seguir batiendo hasta emulsionar.
• Rociar con este aliño la ensalada y servir inmediatamente.

CUÁNDO SE RECOMIENDA
• Para bajar unos kilitos, combatir la hipertensión, la osteoporosis y el colesterol alto.

PORQUE
• Es un plato con muy bajo nivel de calorías, sodio y colesterol. Aporta buena cantidad de calcio.

Ensalada de palmitos y amapola

🧑‍🍳 FÁCIL   🕐 RÁPIDO   💲 ECONÓMICO

🏠 BAJAS CALORÍAS   🍽 COMIDA PARA RECIBIR

■ QUÉ SE NECESITA

1 lata pequeña de palmitos • 2 manzanas verdes • 2 ramas de apio •
2 zanahorias • 2 remolachas • jugo de limón, cantidad necesaria.
Aliño: 100 g de yogur sabor natural • 4 cucharadas de aceite de
maíz • 3 cucharadas de jugo de limón • 2 cucharadas de semillas de amapola
• 1 cucharadita de jengibre molido • 2 cucharaditas de semillas de mostaza
molida • 1 cucharadita de semillas de apio

■ CÓMO SE PREPARA

• Escurrir los palmitos y cortar en rodajitas.
• Retirar las hojas a las ramas de apio, a éstas últimas sacarles los hilos
con pelapapa y cortar en rodajitas.
• Rallar las zanahorias.
• Pelar las remolachas crudas y rallarlas.
• Descorazonar las manzanas (pelarlas: es opcional), cortarlas en tajadas
y luego en juliana y rociarlas con el jugo de limón.
• Hacer el aliño diluyendo la sal (si se optó por ella) en el jugo de limón.
• Incorporar los condimentos, mezclar y sumar el yogur y el aceite.
Batir hasta obtener una emulsión.
• Acomodar en una ensaladera o fuente, de modo decorativo, los
palmitos, zanahorias, remolacha, manzana y apio. Rociar con el aliño y
servir inmediatamente.

↪ **LOS PALMITOS TIENEN 26 CALORÍAS CADA 100 G.**

CUÁNDO SE RECOMIENDA	PORQUE
• Para bajar de peso, corregir desequilibrios nutritivos, combatir la hipertensión y el colesterol alto.	• Aporta nutrientes variados, todos con muy bajo nivel de calorías, sodio y colesterol.

Ensalada
de tomates en azul

 SUPERFÁCIL  MUY RÁPIDO  ECONÓMICO

CALORÍAS INTERMEDIAS COMIDA DIARIA ESPECIAL

■ QUÉ SE NECESITA

4 tomates redondos rojos pero firmes • 100 g de aceitunas negras • 70 g de queso tipo azul (roquefort, gorgonzola) • 2 cucharadas de alcaparras en salmuera • hojas de perejil fresco para decorar.
Aliño: 3 cucharadas de aceto balsámico* • 3 cucharadas de vinagre de manzana • 5 cucharadas de agua • 1 cucharadita de miel • 1 cucharadita de salsa de soja o salsa inglesa • 5 cucharadas de aceite de oliva

■ CÓMO SE PREPARA

• Cortar los tomates en rodajas finas.
• Descarozar las aceitunas y cortarlas en rodajas.
• Cortar el queso azul en trozos irregulares.
• Poner en un colador las alcaparras y enjuagarlas bajo el chorro de agua fría. Escurrir.
• Hacer al aliño diluyendo la sal con el agua y los vinagres. Sumar la salsa de soja y la miel y volver a batir. Por último incorporar el aceite de oliva y nuevamente batir hasta obtener una emulsión.
• Acomodar en platos o en una fuente las rodajas de tomate. Cubrir decorativamente con las aceitunas, el queso azul y las alcaparras. Rodear con hojas de perejil.
• Rociar con el aliño y servir de inmediato.

* **EL ACETO BALSÁMICO ES UN VINAGRE TÍPICO DE MÓDENA —LA TIERRA NATAL DE PAVAROTTI— QUE SE ESTACIONA DURANTE AÑOS EN VASIJAS DE DIFERENTES MADERAS, LO QUE LE DA UN SABOR INIGUALABLE.**

CUÁNDO SE RECOMIENDA	PORQUE
• Para combatir la osteoporosis y el colesterol alto.	• El queso aporta calcio, y las aceitunas, ácidos grasos monoinsaturados, útiles para bajar el colesterol.

Ensalada de hortalizas asadas

 FÁCIL    RÁPIDO    MUY ECONÓMICO

BAJAS CALORÍAS   COMIDA PARA RECIBIR

■ QUÉ SE NECESITA

2 berenjenas medianas • 2 zapallitos largos (zucchini) • 1 morrón verde •
1 morrón rojo • 1 planta de lechuga mantecosa o morada • 6 cucharadas de
aceite de oliva
Aliño: 1/3 de taza de vinagre de manzana • 1/3 de taza de agua • 1/3 de
taza de aceite de oliva o maíz • 1 diente de ajo • 3 o 4 ramitas de albahaca
fresca • 1/2 cucharadita de chile • 1 cucharada de salsa de soja

■ CÓMO SE PREPARA

• Calentar la parrilla o grill del horno.
• Cortar las berenjenas, los zapallitos largos y los morrones en tajadas
de aproximadamente 1/2 cm. Untarlos con el aceite de oliva.
• Asar hasta que adquieran un tono dorado y cocinar del otro lado de
igual modo.
• Picar el ajo.
• Retirar las hojas de albahaca de las ramas y picarlas.
• Hacer el aliño mezclando la sal (que es a gusto y no es indispensable)
con el vinagre, la cucharada de salsa de soja y el agua.
• Sumar el aceite y batir hasta emulsionar. Recién entonces agregar el
ajo, la albahaca y el chile y volver a batir.
• Lavar la lechuga, escurrir muy bien y cubrir platos playos con las
hojas, rociándolas con un poco del aliño.
• Acomodar encima, en forma decorativa, las hortalizas asadas y rociar
con el resto del aliño. Si se desea, moler por encima un poco de pimienta
negra.
• Servir de inmediato.

CUÁNDO SE RECOMIENDA	PORQUE
• Para bajar de peso (reducir el aceite del aliño), corregir el desequilibrio nutritivo y combatir el estreñimiento, el colesterol alto y la hipertensión (no optar por la sal y suprimir la salsa de soja).	• Todos los ingredientes son bajos en calorías y sodio, sin colesterol. Aporta variados nutrientes y fibra.

Ensalada tibia de chauchas y avellanas

 FÁCIL

 RÁPIDO

 MUY ECONÓMICO

CALORÍAS INTERMEDIAS

COMIDA DIARIA ESPECIAL

■ QUÉ SE NECESITA

500 g de chauchas • 100 g de avellanas sin cáscara • 1 cebolla • 1 cucharada de aceite • 2 cucharadas de vinagre de manzana • 1 cucharadita de mostaza • 1 cucharadita de pimentón picante o páprika

■ CÓMO SE PREPARA

• Despuntar las chauchas y cortarlas en diagonal. Cocinarlas al vapor durante 3 minutos.

• Cortar la cebolla al medio y luego en rodajas delgadas.

• Mezclar la cebolla con el aceite y calentar en una cacerolita, tapada, a fuego suave, hasta que quede transparente.

• Incorporar entonces la mostaza, la páprika o pimentón picante y el vinagre.

• Mezclar y sumar las chauchas para calentarlas.

• Aparte, en una sartén limpia, tostar apenas las avellanas.

• Retirar la preparación de chauchas del fuego y servir salpicada con las avellanas.

→ **LAS AVELLANAS POSEEN 225 MG DE CALCIO CADA 100 G.**

CUÁNDO SE RECOMIENDA	PORQUE
• Para combatir la osteoporosis, la hipertensión y el colesterol alto.	• Es de muy bajo sodio, cero colesterol y alta proporción de fibras. Las avellanas aportan calcio y ácidos útiles para bajar el colesterol.

Ensalada de hinojo y peras

 FÁCIL    RÁPIDO   💲 ECONÓMICO

△ CALORÍAS INTERMEDIAS   🍴 COMIDA PARA RECIBIR

■ QUÉ SE NECESITA

2 bulbos de hinojo • 1 peras • 70 g de avellanas sin cáscara • jugo de 2 limones
Aliño: 70 g de queso roquefort o gorgonzola • 5 cucharadas de vinagre de manzana o de hierbas • 3 cucharadas de aceite de maíz • 100 g de queso blanco • 1/2 cucharadita de sal (opcional) • pimienta blanca recién molida, a gusto

■ CÓMO SE PREPARA

• Hervir 2 o 3 minutos las avellanas. Colar y lavar con agua fría. Retirarles la piel frotándolas (esto, que es muy trabajoso, puede obviarse).
• Tostarlas en una sartén sin poner aceite, haciéndolas girar reiteradas veces, cuidando que no se quemen. Reservar.
• Cortar los extremos del hinojo, después al medio y luego en finas rodajas.
• Pelar las peras, cortar al medio y con una cucharita parisién retirar las semillas. Sumergir inmediatamente en un bol con agua y el jugo de los limones.
• Retirar del agua y cortar en finas rodajas las peras, tratando de que no se desarmen.
• Hacer el aliño batiendo todos los ingredientes con batidor o tenedor (de ser necesario aligerar con un poco de agua).
• Acomodar en una fuente o plato las rodajas de hinojo y pera, alternándolas.
• Rociar con el aliño, salpicar con las avellanas tostadas y servir de inmediato.

CUÁNDO SE RECOMIENDA	PORQUE
• Para la etapa de mantenimiento de peso, combatir la osteoporosis, el colesterol alto y el estreñimiento	• Las avellanas aportan grasas monoinsaturadas que ayudan a bajar el colesterol. Los quesos aportan buena cantidad de calcio, y el hinojo y la pera, fibra.

Cebollitas mejoranas

 SUPERFÁCIL

 MUY RÁPIDO

 MUY ECONÓMICO

BAJAS CALORÍAS

COMIDA DIARIA

■ QUÉ SE NECESITA

1/2 kg de cebollitas pequeñas (preferentemente las francesas de mediados de noviembre) • 4 cucharadas de aceite de oliva • 1 taza de caldo "verdurasano" (ver receta en este libro) • 1/2 taza de vino blanco• 1/4 de taza de vinagre de vino blanco o vinagre de manzanas • 1 cucharada de miel • 3 cucharaditas de mejorana • 1 cucharadita de páprika • 1 cucharadita de pimentón dulce

■ CÓMO SE PREPARA

• Pelar las cebollitas.
• Calentar el aceite de oliva en una cacerolita y saltear las cebollitas. Incorporar el vino y dejar reducir.
• Incorporar la miel, el vinagre, el caldo "verdurasano" y la mejorana.
• Tapar y cocinar a fuego suave durante 25 minutos (o en microondas 10 minutos en máximo).
• Sumar la páprika, el pimentón y cocinar 1 minuto más. Retirar del fuego, pasar a una fuente de vidrio y tapar.
• Dejar en la heladera un día antes de consumir.
• Ideal como guarnición de todo tipo de platos de carnes, dura varios días en la heladera.

CUÁNDO SE RECOMIENDA	PORQUE
• Para bajar de peso, la hipertensión y el colesterol alto.	• Es muy bajo en calorías, grasa y sodio. Tiene cero colesterol.

(Ver foto)

Vitel Thonné de hortalizas

 ELABORADO  NO TAN RÁPIDO  ECONÓMICO

CALORÍAS INTERMEDIAS COMIDA PARA RECIBIR

■ QUÉ SE NECESITA

3 zanahorias • 1 planta de coliflor • 3 remolachas • 3 pepinos • 5 tomates perita • 1 cucharada de semillas de coriandro molido
Salsa: 1 lata de atún al natural • 50 g de anchoas escurridas • 200 g de queso blanco dietético • 100 g de yogur descremado sabor natural • 100 g de mayonesa dietética • 1 cucharadita de miel • 1 cucharadita de jengibre • 3 cucharadas de alcaparras

■ CÓMO SE PREPARA

• Separar la coliflor en ramitos y cortarles los troncos.
• Poner en el agua de vaporización las semillas de coriandro (son saborizantes y también antiflatulentas) y vaporizar durante 4 minutos. Reservar.
• Cortar en rodajas las zanahorias y vaporizar 4 minutos. Reservar.
• Hervir las remolachas con piel y 5 cm del tallo durante 20 a 25 minutos o cocinarlas en microondas en una bolsa pinchada durante 15 minutos en máximo (recordar que los tiempos de cocción varían según la marca del artefacto). Poner entonces en un colador y lavar bajo el chorro de agua fría, frotándolas para sacarles la piel. Cortar en rodajas y reservar.
• Para hacer la salsa procesar todos los ingredientes hasta obtener una crema, adicionando chorritos de leche descremada si resultara demasiado espesa (pero no debe ser líquida).
• Acomodar en una fuente las 3 hortalizas, haciendo una hilera de zanahorias, otra de coliflor y otra de remolacha.
• Cubrir con la salsa y enfriar varias horas en la heladera para que las hortalizas se impregnen del sabor de la salsa.
• En el momento de servir, cortar en finas rodajas el pepino y el tomate.
• Hacer una guarda intercalando las rodajas de pepino y tomate abarcando todo el borde de la fuente.
• Servir con panes integrales.

CUÁNDO SE RECOMIENDA	PORQUE
• Para equilibrar nutricionalmente una dieta, combatir la osteoporosis, el colesterol alto y el estreñimiento.	• Aporta variados nutrientes, vitaminas y fibras con muy bajo colesterol. El queso blanco aporta calcio.

Relish
bajas calorías

■ QUÉ SE NECESITA

4 tazas de choclo desgranado • 1 pimiento morrón rojo • 5 ramas de apio • 1 pimiento morrón verde • 2 zanahorias • 1 cebolla • 1 taza de edulcorante granulado • 2 y 1/2 tazas de vinagre de manzana • 1 cucharada de mostaza molida • 2 cucharaditas de semillas de apio • 2 cucharaditas de cúrcuma • 1 cucharadita de jengibre molido

■ CÓMO SE PREPARA

• Cortar los morrones al medio, sacarles la nervadura y semillas y cortar en trocitos.
• Cortar el blanco de apio en finas rodajas.
• Rallar las zanahorias.
• Picar la cebolla.
• Poner todos los ingredientes menos el edulcorante en una cacerola, revolver bien y llevar a fuego moderado, tapado, cocinando durante 15 a 20 minutos.
• Retirar del fuego y sumar el edulcorante, mezclar bien. Probar si tiene suficiente sabor agridulce.
• Poner en un frasco o bol de vidrio con tapa y dejar reposar un par de días antes de consumir.
• Exquisito para acompañar todo tipo de comidas.

CUÁNDO SE RECOMIENDA	PORQUE
• Para bajar de peso, equilibrar la dieta y combatir la hipertensión, el colesterol alto y el estreñimiento.	• Es un plato de cero colesterol, muy bajo sodio y calorías. Aporta variados nutrientes y fibra.

Pickles a la inglesa

 ELABORADO   NO TAN RÁPIDO    ECONÓMICO

BAJAS CALORÍAS    COMIDA DIARIA ESPECIAL

■ QUÉ SE NECESITA

1 coliflor pequeña en ramitos hervida en agua y vinagre • 1 taza de chauchas cortadas en diagonal hervida en agua y vinagre • 1 taza de zanahorias en rodajas hervida en agua y vinagre • 1 taza de arvejas frescas hervidas en agua y vinagre • 1 pimiento morrón rojo y 1 pimiento morrón verde en trozos hervidos en agua y vinagre • 1 taza de porotos hervidos • 1 taza de cebollitas en vinagre • 1 taza de pepinitos en vinagre
Salsa de mostaza: *1/4 litro de vinagre de manzanas • 1/4 litro de agua • 1 taza de edulcorante granulado • 1/2 taza de harina • 2 cucharaditas de mostaza molida • 2 cucharaditas de curry • 1 cucharadita de semillas de apio • 1 cucharadita de pimienta blanca molida • 2 cucharaditas de cúrcuma*

■ CÓMO SE PREPARA

• Mezclar todas las hortalizas.
• Poner en una cacerola el edulcorante, la harina, los condimentos y adicionar de a poco el vinagre y el agua.
• Cocinar sobre fuego moderado revolviendo bien hasta que hierva 1 minuto.
• Adicionar todas las hortalizas escurridas y mezclar.
• Retirar y envasar en frascos previamente esterilizados.
• Conservar en heladera hasta 10 días.

CUÁNDO SE RECOMIENDA	PORQUE
• Para bajar de peso, corregir desequilibrios nutritivos, combatir la hipertensión y el colesterol alto.	• Es un plato de cero colesterol, muy bajo en sodio y calorías. Aporta variados nutrientes y fibra por la diversidad de hortalizas.

Hortalizas crocantes con guacamole

(Ver foto)

🍳 ELABORADO   🕐 NO TAN RÁPIDO   💲 ECONÓMICO

△ ALTAS CALORÍAS   🍴 COMIDA PARA RECIBIR

■ QUÉ SE NECESITA

Hortalizas varias (ramas de apio, remolachas, pimientos morrones, tomates, brócoli, rodajas de zanahoria, coliflor, zucchini, etc)
Salsa: 1 palta • 1/2 tomate perita • 1/2 cebolla chica • 2 cucharaditas de coriandro molido • 1 cucharadita de aceite • sal y chile fresco, a gusto (ideal el serrano)

■ CÓMO SE PREPARA

• Cocinar las remolachas al vapor 30 minutos o en el microondas en una bolsa pinchada con un poco de agua, 15 minutos. Pelar y rebanar.
• Cocinar la zanahoria y el brócoli o coliflor al vapor (la primera, 3 minutos, y los segundos, 2 minutos).
• Lavar bien los tomates y cortar en cuartos.
• Lavar bien las ramas de apio y sacarles los hilos.
• Lavar los *zucchini* y pimientos morrones y cortar en bastones.
• Hacer la salsa de guacamole procesando todos los ingredientes.
• Poner en una fuente, decorativamente, todas las hortalizas y ubicar en el centro el guacamole. Acompañar con tostadas integrales.

→ **LA PALTA NO POSEE COLESTEROL, Y SI BIEN ES DE ALTAS CALORÍAS, APORTA GRASAS MONOINSATURADAS QUE AYUDAN A BAJAR EL COLESTEROL.**

CUÁNDO SE RECOMIENDA	PORQUE
• Para equilibrar nutricionalmente una dieta, combatir la hipertensión, el colesterol alto y el estreñimiento.	• Aporta variados nutrientes y vitaminas, es de cero colesterol y muy bajo sodio. La palta aporta grasas monoinsaturadas que colaboran en el descenso del colesterol y las hortalizas tienen una alta proporción de fibras.

Remolachas cítricas

SUPERFÁCIL

MUY RÁPIDO

MUY ECONÓMICO

BAJAS CALORÍAS

COMIDA DIARIA

■ QUÉ SE NECESITA

3/4 kg de remolachas • 4 clavos de olor • 3/4 litro de vinagre de manzana • 1 taza de edulcorante granulado• 1 cucharada sopera de pimienta negra • 1 cucharada sopera de pimienta blanca •1 naranja • 1 pomelo • 1 limón

■ CÓMO SE PREPARA

• Lavar las remolachas, dejarle 5 centímetros de tallo y hervirlas en agua hasta que al pincharlas estén tiernas pero firmes (aproximadamente 25 minutos). Otra posibilidad es ponerlas en una bolsa para microondas, cerrarla, pincharla y cocinar en máximo durante 15 a 17 minutos aproximadamente, según la marca del artefacto.

• Retirar, refrescar bajo el chorro de agua fría y frotarlas para poder pelarlas.

• Cortarlas en rodajas de 1 cm.

• Retirar la piel de los cítricos, sacarle la parte blanca y cortar la cáscara en fina juliana (esto se puede hacer de un modo mucho menos trabajoso con un implemento que se llama "zester" o "raspacítricos")*.

• Acomodarlas en frascos de vidrio herméticos bien higienizados, alternando con las dos pimientas y la juliana de cáscaras.

• Hervir el vinagre con los clavos de olor durante 5 minutos.

• Retirar del fuego y sumar el edulcorante mezclando bien. Verter sobre las remolachas.

• Tapar y guardar en la heladera, esperando por lo menos 5 días antes de consumir.

→ **LA REMOLACHA ES DE BAJAS CALORÍAS, YA QUE TIENE 32 CALORÍAS CADA 100 G.**

→ *** EL ZESTER O RASPACÍTRICOS SE CONSIGUE EN LOS BAZARES QUE VENDEN PRODUCTOS IMPORTADOS; SU APARIENCIA ES LA DE UN PEQUEÑO RASTRILLO.**

CUÁNDO SE RECOMIENDA	PORQUE
• Para bajar de peso, combatir el colesterol alto y el estreñimiento.	• Es un plato de bajas calorías, cero colesterol y mucha fibra.

Pepinos aromáticos

■ QUÉ SE NECESITA

3/4 kg de pepinos • 3/4 de litro de vinagre de alcohol o mitad de alcohol y mitad de manzana • aproximadamente 1 taza de edulcorante granulado • 3 cucharadas de pimienta negra en grano • 3 cucharadas de semillas de eneldo

■ CÓMO SE PREPARA

• Lavar los pepinos y secarlos muy bien.

• Dejar en un colador espolvoreados con sal gruesa y con un peso encima por lo menos 3 o 4 horas (o toda una noche) para que suelten parte de su líquido (si no puede consumir sal, obvie este paso).

• Pasado este tiempo secar y, si se desea, acanalar la piel con un torneador.

• Mientras tanto hervir el vinagre con todos los aromáticos hasta que se reduzca un poco.

• Agregar los pepinos y hervir cuatro minutos. Retirar con espumadera y acomodar en frascos de vidrio de tapa hermética tratando de que quepan ajustadamente.

• Retirar el vinagre del fuego y mezclar con el edulcorante, ajustando la sazón a gusto personal.

• Cubrir los pepinos con el vinagre, de modo que queden absolutamente sumergidos.

• Guardar en la heladera y esperar 5 o 6 días antes de consumir.

CUÁNDO SE RECOMIENDA	PORQUE
• Para bajar de peso, combatir la hipertensión y el colesterol alto.	• Es un plato de muy bajo nivel de calorías y sodio, con cero colesterol.

Ensalada
de duraznos, apio y queso

🍳 SUPERFÁCIL   🕐 MUY RÁPIDO   💲 MUY ECONÓMICO

🏠 CALORÍAS INTERMEDIAS   🍴 COMIDA DIARIA ESPECIAL

■ QUÉ SE NECESITA

6 duraznos maduros y perfumados • 2 ramas de apio • 200 g de queso pategrás (preferentemente del tipo sin sal) • pimienta blanca recién molida a gusto • 100 g de queso blanco dietético • leche descremada para aligerarlo

■ CÓMO SE PREPARA

- Pelar los duraznos, descarozarlos y cortarlos en finas rodajas.
- Cortar el queso en tajadas delgadas.
- Pelar las ramas de apio, descartar las hojas y cortar en láminas.
- Diluir el queso blanco con la leche para obtener una preparación más bien líquida.
- Condimentarlo con la pimienta.
- Intercalar las rodajas de queso y durazno sobre una fuente y ubicar en el centro el apio.
- Rociar con la salsa de queso y servir.

↦ **EL DURAZNO TIENE 52 CALORÍAS CADA 100 G.**

CUÁNDO SE RECOMIENDA	PORQUE
• Para la etapa de mantenimiento de peso, corregir desequilibrios nutricionales, combatir la hipertensión y el colesterol alto.	• Aporta proteínas, vitaminas —el durazno aporta vitamina A—, calcio (brindado por el queso), siendo de bajo nivel de sodio y colesterol.

Todo sobre las fibras

Un aspecto que debe tenerse en cuenta respecto de nuestra alimentación es la fibra que aportan los alimentos que consumimos, pues influye en numerosos trastornos, desde un problema de constipación hasta un ataque cardíaco, cáncer o incluso diabetes.

Hay dos tipos de fibras: insolubles y solubles. La primera es una fibra que, para decirlo de un modo muy poco ortodoxo, no se "disuelve" dentro de nuestro organismo, por eso sirve como sustancia de arrastre para limpiar nuestro intestino, evitando diversas enfermedades intestinales: constipación, hemorroides, cáncer intestinal, divertículos. La fibra insoluble está representada por la celulosa, que se encuentra en todos los cereales integrales (panes, arroz) y las hortalizas crudas, principalmente espárragos, hortalizas de hoja, legumbres, apio y también en las frutas, en especial aquellas que se consuman con su cáscara.

La fibra soluble, en cambio, al mezclarse con el agua o con los jugos intestinales se convierte en un gel, ingresando hasta lo más profundo de nuestro organismo. Esto logra una reducción de la asimilación del colesterol de los alimentos por el tubo digestivo, absorbiendo las sustancias que de lo contrario el hígado utilizaría para producir colesterol. A su vez regula los niveles de azúcar en sangre, por lo que es importante para los casos de diabetes.

Es decir que, si bien debemos dar mucha importancia al consumo total de fibra, si se quiere prevenir o modificar una situación de alto colesterol o se sufre de diabetes, **es fundamental incluir fibra soluble en nuestra alimentación.**

Además, generalmente un alimento que posee mucha fibra soluble también tiene una alta proporción de la insoluble, por lo que se obtienen los beneficios de ambas.

Los alimentos que contienen una alta proporción de fibra **soluble** son las legumbres, entre las que se cuentan las lentejas, los porotos, las arvejas, los garbanzos; el salvado de avena, el germen de trigo, las crucíferas como el brócoli, la coliflor y en menor medida el repollo y los repollitos de Bruselas, la batata, la zanahoria, las frutas deshidratadas como los orejones, las ciruelas secas y las pasas de uva, y la pectina presente en las semillas y cáscaras de los cítricos, de la manzana y en las mermeladas.

Lo ideal para incorporar más fibra en nuestra dieta es empezar a modificar nuestros hábitos alimentarios ¿Cómo? Analizando lo que comemos diariamente y haciendo reemplazos.

Así, el diario desayuno con galletitas dulces —que son una increíble fuente de sodio, grasas, colesterol, azúcar— puede convertirse en una oportunidad perfecta para enriquecer el organismo con la fibra que aporta una tostada de pan integral o un budincito de salvado o de avena —receta en este libro— con mermelada (su pectina también es una buena fibra). En el almuerzo, incorpore siempre una porción de vegetales de colores distintos (esto le asegura variedad de nutrientes) y, a la hora del postre, cambie ese helado que siempre come por una ensalada de frutas (una muy buena fuente de fibras soluble e insoluble y de muchas vitaminas). O, por qué no, cuando esté a punto de abalanzarse sobre un chocolate, reemplácelo por una banana (debido a la fibra y el potasio que posee, sus calorías adquieren sentido dentro de nuestra dieta).

Para recordar mejor dónde localizar las fibras solubles, a continuación encontrará una detallada tabla.

CONTENIDO DE FIBRA SOLUBLE EN LOS ALIMENTOS (cada 100 g)

Avena	3 g	Germen de trigo	6 g
Almendra	1 g	Harina de soja	4 g
Almendra dulce	3 g	Higo seco	4 g
Amapola	2 g	Kiwi	1,5 g
Arroz integral	1,5 g	Lentejas	4 g
Arvejas	5 g	Maní tostado	2 g
Avellana	2 g	Manzana	0,9 g
Batata	4 g	Mijo	1,4 g
Berenjena	1 g	Naranja	1,3 g
Brócoli	2 g	Nueces	2 g
Cebada perlada	1,8 g	Orejones de durazno	3,9 g
Cebolla	1 g	Papa	0,6 g
Centeno	4 g	Pasas de uva	1,2 g
Chauchas	1,3 g	Pera	0,6 g
Ciruela deshidratada	5 g	Porotos (promedio)	5 g
Coliflor	1 g	Repollo	1,8 g
Damasco deshidratado	4 g	Remolacha	1,2 g
Damasco fresco	1,4 g	Salvado de avena	7,2 g
Dátiles	1,8 g	Semillas de sésamo	3,2 g
Garbanzos	3,5 g	Zanahoria	2 g

CAPÍTULO 4

Platos calientes de hortalizas: livianos y apetitosos

Dónde encontrar las vitaminas y los antioxidantes

Hemos visto que las hortalizas pueden ser una excelente fuente de fibra y de otros nutrientes. Pero como para convencer hay que dar a conocer, es necesario, para que mejore su alimentación, que tenga en cuenta la importancia de las vitaminas y en qué alimentos encontrarlas.

Antes que nada digamos que son un grupo de sustancias que se consideran indispensables tanto para el crecimiento como para el funcionamiento normal de nuestro cuerpo, ya que actúan como biocatalizadores permitiendo el desarrollo de procesos metabólicos.

Si uno quiere asegurarse de consumir todas las vitaminas indispensables para nuestro organismo, hay una **regla de oro**: tener una alimentación muy pero muy variada.

Así, un consumo equilibrado de muchos ingredientes diferentes es una garantía de que estamos incorporando todas las vitaminas que necesitamos.

Veamos ahora las distintas vitaminas y en qué alimentos podemos encontrarlas (aquellos que aparecen destacados son los que se aconseja consumir en mayores cantidades).

Vitamina A:

Leche, crema, quesos, manteca, yema de huevo, **hortalizas de hojas verdes y de color verde, damascos, hortalizas amarillas, tomates**, hígado de bacalao.

Vitamina B1:

Cerdo, hígado, riñón, corazón, carne vacuna, **cereales, germen de trigo, levadura, salvado de avena, legumbres, frutas secas, acelga, espinaca.**

Vitamina B2:

Leche, huevo, hígado, riñón, carnes, **hortalizas de hojas verdes, cereales, legumbres, brócoli.**

Vitamina B6:

Hígado, carnes, yema de huevo, **repollo, espinaca, banana, cereales.**

Vitamina B12:

Hígado, ostras, riñón, carnes, huevo, leche, **queso.**

Vitamina C:

Cítricos, kiwi, **tomate, perejil, repollo, frutillas, arvejas, hortalizas de hojas verdes, brócoli, pimiento morrón, papa, melón.**

Vitamina D:

Aceite de hígado de bacalao y de otros pescados, yema de huevo, **leche fortificada, queso fortificado, yogur fortificado.**

Vitamina E:
Zanahoria, cereales, hojas verdes.

Ácido fólico:
Hígado, riñón, **hongos, espárragos, brócoli, espinaca, banana, limón,** frutilla, melón.

Niacina:
Hígado, carne oscura de ave y vaca, riñón, **pescados, levadura, legumbres, maníes.**

Otro tema íntimamente ligado a las vitaminas es el de los famosos **Antioxidantes.**

Se cree que la vitamina C, la E, la A, el betacaroteno y el selenio actúan contra los "radicales libres", moléculas que tendrían parte de responsabilidad en el deterioro que produce el envejecimiento, así como en muchas formas de cáncer, enfermedades cardiovasculares, problemas visuales como cataratas, enfermedad de Parkinson y hasta en deficiencias del sistema inmunológico.

Si bien este tema todavía está en estudio, sería adecuado consumir en cantidades moderadas los alimentos que contienen las vitaminas y minerales recomendados.

Antes de pasar a las recetas, abundantes en vitaminas, una última observación: la vitamina C se deteriora cuando se cocina un alimento, y más si se trata de una cocción larga y en mucho líquido; por eso siempre se recomienda cocer poco las hortalizas, en lo posible al vapor o en sistemas que no impliquen abundante agua, y, si se puede, enteras o con piel.

Sopa de tomates

■ QUÉ SE NECESITA

750 g de tomates perita maduros • 1/4 de taza de aceite de oliva • 2 dientes de ajo • 2 y 1/2 taza de caldo "verdurasano" • 200 g de queso blanco dietético • 3 cucharaditas de mejorana • pizca de bicarbonato • pimienta blanca recién molida a gusto • hojitas de menta o albahaca

■ CÓMO SE PREPARA

• Hacer un corte en cruz en la base de los tomates. Sumergir en agua hirviendo 1 minuto.

• Retirar, refrescar en agua fría y pelar. Sacarles las semillas y picarlos.

• Pelar y picar el ajo. Calentar el aceite de oliva y rehogarlo ligeramente.

• Sumar los tomates, la mejorana y el bicarbonato (este último hará espuma).

• Recién entonces agregar el caldo. Cocinar destapado hasta que la preparación espese. Retirar y pimentar.

• Licuar con la mitad del queso blanco dietético.

• Servir con copitos de queso y hojitas de albahaca o menta.

CUÁNDO SE RECOMIENDA	PORQUE
• Para bajar de peso, combatir la hipertensión y el colesterol alto.	• Es un plato con muy bajo nivel de calorías y sodio, sin colesterol ni grasa. Aporta variados nutrientes.

Sopa
de papas y puerros

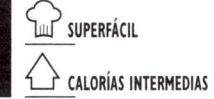 **SUPERFÁCIL**

 **MUY RÁPIDO**

 **MUY ECONÓMICO**

CALORÍAS INTERMEDIAS

COMIDA DIARIA

■ QUÉ SE NECESITA

4 papas • 5 puerros • 2 litros de agua hirviendo • 3 cucharadas de aceite de oliva • 2 cucharaditas de coriandro • 1 cucharadita de eneldo

■ CÓMO SE PREPARA

• Pelar las papas, cortarlas en rodajas a lo largo y luego en finos bastones (papa pay).

• Desechar las hojas de los puerros, y a los blancos hacerles un corte a lo largo y lavarlos bajo el chorro de agua fría. Hacer una fina juliana.

• Echar en el agua hirviendo las papas, los puerros, el coriandro y el eneldo.

• Hervir a fuego suave hasta que las papas estén totalmente deshechas. Retirar y licuar o procesar junto con el aceite de oliva.

• Servir, si se desea, con tostadas de pan integral cortadas en triángulos.

CUÁNDO SE RECOMIENDA	PORQUE
• Para combatir la hipertensión, el colesterol alto y el estreñimiento.	• Aporta mucha fibra, y es bajísima en sodio y grasas; con cero colesterol.

(Ver foto)

Sopa crema de brócoli al coriandro

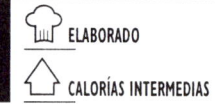 ELABORADO

 NO TAN RÁPIDO

 MUY ECONÓMICO

CALORÍAS INTERMEDIAS

COMIDA PARA RECIBIR

■ QUÉ SE NECESITA

2 atados de brócoli • 3 cebollas de verdeo • 2 ramas de apio • 2 zanahorias • 1 taza de choclo desgranado • 3/4 litro de leche descremada • 1 litro de agua • 4 cucharadas de fécula de maíz • 4 cucharadas de aceite de oliva o maíz • 3 dientes de ajo • 3 cucharaditas de coriandro molido • 1 cucharadita de chile seco o fresco picado

■ CÓMO SE PREPARA

• Separar el brócoli en ramitos.

• Cortar en rodajitas el apio y la cebolla de verdeo y en cubitos las zanahorias. Picar el ajo.

• Poner en una cacerolita la cebolla de verdeo y el apio junto con el agua y hervir 10 minutos.

• Incorporar la zanahoria, el brócoli y el choclo al agua de hervor de las hortalizas y hervir 3 minutos más.

• Dorar el ajo en el aceite. Sumar la fécula y las especias, integrar e incorporar de a poco la leche. Revolver sobre el fuego hasta que comience a hervir.

• Sumar las hortalizas y parte de su caldo y revolver hasta que vuelva a hervir. De ser necesario, espesar con más fécula.

• Servir, si se lo desea, con *croûtons*.

CUÁNDO SE RECOMIENDA

• Para corregir el desequilibrio nutricional, combatir la osteoporosis, la hipertensión, el colesterol alto y el estreñimiento.

PORQUE

• Es un plato bajo en calorías, sodio y colesterol. Las hortalizas aportan vitaminas, fibras y minerales, y la leche, el calcio.

Ñoquis de zapallo

 FÁCIL

CALORÍAS INTERMEDIAS

 NO TAN RÁPIDO

COMIDA DIARIA

 MUY ECONÓMICO

■ QUÉ SE NECESITA

500 g de pulpa de zapallo • 1 y 1/2 taza de harina • 1/4 de taza de queso parmesano rallado • pimienta, aceite y hojas de salvia en cantidad necesaria

■ CÓMO SE PREPARA

• Cocinar el zapallo al vapor o en microondas dentro de una bolsa pinchada para tal fin, con un poco de agua. Escurrir y tamizar.

• Hacer una corona con la harina y ubicar en el medio el puré, el queso y la pimienta.

• Integrar de a poco hasta obtener un bollo tierno.

• Cortar trozos de la masa y sobre superficie enharinada hacer rollitos de masa.

• Cortar y con el aparato correspondiente hacer los ñoquis.

• Echar en abundante agua hirviendo y apenas suban a la superficie retirar con espumadera.

• Calentar unas hojas de salvia en un poco de aceite de oliva y humectar con él los ñoquis.

• Espolvorear con queso rallado y servir.

CUÁNDO SE RECOMIENDA

• Para mejorar la piel, combatir la hipertensión, el colesterol alto y el estreñimiento.

PORQUE

• Es un plato con cero colesterol y con bajo sodio. El zapallo aporta fibra y caroteno.

Coliflor
a la griega

 SUPERFÁCIL

 MUY RÁPIDO

 MUY ECONÓMICO

BAJAS CALORÍAS

COMIDA DIARIA ESPECIAL

■ QUÉ SE NECESITA

1 planta de coliflor • 4 cucharadas soperas de aceite de oliva • 1/4 de taza de puré de tomate • 1 taza de agua • 1/4 de taza de vino blanco • 1/2 cebolla • 1 diente de ajo • 1 cucharadita de coriandro molido • 2 cucharadas de perejil fresco picado • 1/2 cucharadita de comino molido • 1/2 cucharadita de cúrcuma • pimienta blanca, a gusto

■ CÓMO SE PREPARA

• Picar la cebolla y el ajo.
• Poner en una cacerolita ambos ingredientes más el puré de tomate, el aceite de oliva, el vino blanco y todos los condimentos menos la pimienta y el perejil. Cocinar tapado a fuego suave 10 minutos.
• Separar la coliflor en ramitos y cortar los tronquitos.
• Echar en la cacerola, mezclar y cocinar tapado otros 10 minutos. Retirar y dejar entibiar.
• Espolvorear con el perejil y la pimienta blanca recién molida y servir.

CUÁNDO SE RECOMIENDA
• Para bajar de peso, combatir el colesterol alto, la hipertensión y el estreñimiento.

PORQUE
• Es bajo en calorías y sodio, sin colesterol. La coliflor aporta fibra soluble, que ayuda a bajar el colesterol, e insoluble, que regulariza el intestino.

Omelette gigante de claras

■ QUÉ SE NECESITA

12 claras • 2 cucharadas de extracto de tomate • 4 dientes de ajo picados • 4 cucharadas de perejil fresco picado • 1 cucharadita de cúrcuma • 1/2 kg de chauchas • 40 g de anchoas • 150 g de aceitunas negras • 3 cebollas • 4 cucharadas de aceite de oliva • lechuga francesa y tomates para decorar

■ CÓMO SE PREPARA

• Pelar las cebollas, cortarlas al medio y luego a "pluma"(muy finas).
• Poner en una sartén 2 cucharadas del aceite de oliva y agregar la cebolla. Cocinar a fuego suave, revolviendo cada tanto, hasta que transparente.
• Agregar los filetes de anchoa, mezclar y retirar del fuego.
• Descarozar las aceitunas y cortarlas en rodajitas. Sumar a lo anterior.
• Cortar las chauchas en diagonal, de modo de obtener rombos, descartando las puntas.
• Cocinar al vapor 2 y 1/2 minutos. Mezclar con la preparación de cebolla.
• Batir las claras a medio punto (sin llegar a punto nieve).
• Agregar el extracto de tomate, el ajo, la cúrcuma y el perejil. Batir un poco más.
• Con las 2 cucharadas de aceite restante untar una sartén grande de teflón. Echar la preparación de claras y cocinar a fuego suave hasta que empiece a cuajar.
• Ubicar en un costado el relleno de chauchas, cebolla, anchoas y aceitunas. Cuando éste se caliente, retirar la sartén del fuego y doblar a la mitad.
• Pasar a una fuente grande, decorar con hojas de lechuga francesa y rodajas de tomate y servir.

CUÁNDO SE RECOMIENDA	PORQUE
• Para la etapa de mantenimiento de peso, combatir el colesterol alto y la osteoporosis.	• Los ingredientes no tienen colesterol; las aceitunas y las anchoas tienen grasas poli y monoinsaturadas que reducen el colesterol y que actúan como antioxidantes, la chaucha aporta fibra, calcio, hierro y una buena dosis de vitamina A.

Brócoli a la griega

 SUPERFÁCIL

 MUY RÁPIDO

 MUY ECONÓMICO

BAJAS CALORÍAS

 COMIDA DIARIA ESPECIAL

■ QUÉ SE NECESITA

1 atado de brócoli bien verde y cerrado • 1 y 1/2 taza de agua • 4 cucharadas de puré de tomate • 4 cucharadas de aceite de oliva • 1/4 de taza de vino blanco • 4 dientes de ajo • 1/2 cebolla • 2 cucharaditas de coriandro molido • 2 cucharadas de perejil fresco picado • 1 cucharada de vinagre de manzana • pimienta blanca recién molida, a gusto

■ CÓMO SE PREPARA

• Picar el ajo y la cebolla.

• Poner el agua, el puré de tomate, el aceite de oliva, el vino, los dientes de ajo, la cebolla, el vinagre y el coriandro en una cacerolita. Cocinar tapado a fuego muy suave 10 minutos.

• Sumar los ramitos de brócoli y cocinar tapado unos 5 minutos más o hasta que el brócoli esté cocido pero crujiente. Retirar y dejar entibiar.

• Espolvorear entonces con el perejil y la pimienta.

• Servir como guarnición.

→ **EL BRÓCOLI TIENE 31 CALORÍAS CADA 100 G Y NO POSEE COLESTEROL.**

CUÁNDO SE RECOMIENDA

• Para bajar de peso, combatir el colesterol alto, la osteoporosis y la hipertensión. Prevenir el cáncer de colon.

PORQUE

• Es muy bajo en calorías y sodio, de cero colesterol. La leche aporta calcio, y el brócoli, fibra soluble que ayuda a bajar el colesterol, e insoluble que previene el cáncer de colon.

Hortalizas
estilo hindú

 FÁCIL

 MUY RÁPIDO

 MUY ECONÓMICO

⌂ BAJAS CALORÍAS

🍴 COMIDA DIARIA ESPECIAL

■ QUÉ SE NECESITA

1/4 kg de zanahorias • 1/4 kg de chauchas • 1/4 kg de champiñones • 1/4 kg de cuello de calabacita • 1/4 kg de zapallitos • 1/4 kg de choclo en grano • 2 puerros • 1 cebolla • 3 cucharadas de aceite de maíz • 2 cucharaditas de curry Mild • 1 cucharaditas de jengibre molido • 3 cucharaditas de coriandro molido • 2 cucharaditas de cúrcuma • 1 cucharadita de comino molido • agua en cantidad necesaria

■ CÓMO SE PREPARA

• Despuntar las chauchas y para no tener que sacarles el hilo cortarlas en rombos poniendo el cuchillo en diagonal.

• Cortar las calabacitas en rodajas y luego en cruz, para obtener pequeños triángulos.

• Cortar los zapallitos en gajos y las zanahorias en rodajas en diagonal.

• Los champiñones se dejan enteros, a menos que sean muy grandes (en dicho caso se cortan en dos).

• Cortar en finas rodajas el puerro y la cebolla.

• Calentar el aceite. Adicionarle todas las especias y revolver sobre fuego moderado 1 minuto. Sumar la cebolla y el puerro y rehogar a fuego suave, tapado.

• Adicionar las chauchas, la calabacita, los zapallitos, los champiñones y los granos de choclo y agregar agua sin llegar a cubrirlas (hasta las 3/4 partes de las hortalizas).

• Cocinar tapado a fuego moderado suave durante aproximadamente 15 minutos, revolviendo cada tanto con cuidado.

• Servir espolvoreado con queso rallado.

CUÁNDO SE RECOMIENDA	PORQUE
• Para bajar de peso, combatir el colesterol alto, la hipertensión y el estreñimiento. Corregir los desequilibrios nutritivos.	• Es un plato bajo en calorías, grasas y sodio, de cero colesterol. Aporta fibras, minerales y vitaminas.

Pastel
de calabaza y manzana

⌂ ELABORADO	🕐 NO TAN RÁPIDO	💲 MUY ECONÓMICO
⌂ CALORÍAS INTERMEDIAS	🍴 COMIDA DIARIA	

■ QUÉ SE NECESITA

400 g de calabacita • 300 g de papas peladas • 2 manzanas verdes • 1/2 taza de vino blanco • 1/2 taza de agua • 150 g de yogur sabor natural • 3 claras • ramitas de menta fresca • 1/4 de cucharadita de nuez moscada • 1 cucharadita de jengibre seco molido

■ CÓMO SE PREPARA

• Cortar las papas y las calabazas en cubos.
• Pelar las manzanas, sacarles el centro y cortar en cubitos.
• Poner en una cacerolita los 3 ingredientes, más el vino blanco y el agua. Cocinar tapado a fuego suave hasta que todo esté tierno. Retirar del fuego y hacer un puré.
• Agregarle la menta fresca picada, la nuez moscada y el jengibre, más el yogur, mezclar bien.
• Batir las claras a punto nieve e integrar a lo anterior.
• Volcar en un molde antiadherente apenas aceitado, emparejando y cocinar en horno moderado durante aproximadamente 15 a 20 minutos.

CUÁNDO SE RECOMIENDA	PORQUE
• Combatir el colesterol alto, la osteoporosis, la hipertensión y el estreñimiento.	• Aporta alta proporción de fibra soluble, no tiene colesterol y el nivel de sodio y grasas es bajo.

Champiñones mediterráneos

 FÁCIL

 MUY RÁPIDO

 MENOS ECONÓMICO

BAJAS CALORÍAS

COMIDA PARA RECIBIR

■ QUÉ SE NECESITA

400 g de champiñones • 5 cucharadas de aceite de oliva • 4 cebollas de verdeo • 3 dientes de ajo • 1 cucharada de extracto de tomate • 6 tomates perita maduros pero firmes • 3 cucharadas de jugo de limón • 1/2 taza de caldo "verdurasano" • 2 cucharaditas de semillas de mostaza molidas • 3 cucharaditas de canela • 1 ramillete de menta fresca

■ CÓMO SE PREPARA

• Hacer un corte en cruz en la base de los tomates y sumergir en agua hirviendo 1 minuto.
• Retirar, refrescar con agua fría y pelar. Retirar también las semillas. Picar o procesar.
• Picar la cebolla de verdeo con parte de sus hojas.
• Aplastar los dientes de ajo con piel (ajo en camisa).
• Retirar las hojitas de menta del tallo y picar hasta obtener 1 cucharada sopera.
• Dorar la cebolla de verdeo y el ajo en el aceite.
• Sumar el extracto de tomate, el caldo "verdurasano", el jugo de limón, la mostaza y la canela.
• Tapar y cocinar a fuego suave 5 minutos. Sumar los champiñones y cocinar destapado 8 minutos más.
• Agregar la menta y cocinar 2 minutos más.
• Servir en cazuelas acompañado con arroz (preferentemente integral).

CUÁNDO SE RECOMIENDA	PORQUE
• Para bajar de peso, combatir el colesterol alto y la hipertensión.	• Es bajísimo en calorías y sodio y no tiene colesterol.

Berenjenas
con salsa verde

 ELABORADO    NO TAN RÁPIDO    ECONÓMICO

CALORÍAS INTERMEDIAS   COMIDA PARA RECIBIR

■ QUÉ SE NECESITA

2 o 3 berenjenas grandes • 2 pimientos morrones rojos • 300 g de mozzarella dietética • 3 dientes de ajo • orégano y pimienta blanca o jengibre a gusto • 2 tazas de salsa bechamel light (receta en este libro) • 1 planta de espinaca

■ CÓMO SE PREPARA

• Cortar las berenjenas a lo largo en tajadas de aproximadamente 1/2 cm de espesor. Cocinar al vapor durante 4 o 5 minutos.

• Dejar entibiar y condimentar con orégano, ajo y jengibre o pimienta.

• Asar los morrones en la parrilla o grill del horno, tostándolos de todos lados.

• Retirar, poner en una bolsa para freezer, cerrar y dejar enfriar en la bolsa.

• Pelar frotando con los dedos, retirar semillas y nervaduras y cortar a lo largo en tiras anchas.

• Extender sobre cada tajada de berenjena una rodaja fina de mozzarella y una tirita de morrón. Arrollar y trabar con un palillo.

• Acomodar los rollitos en una fuente para horno convencional o microondas.

• Limpiar las hojas de espinaca bajo el chorro de agua fría. Retirar los tronquitos de la espinaca hoja por hoja.

• Cocinar al vapor 1 y 1/2 minuto.

• Procesar junto con la salsa bechamel light y condimentar.

• Cubrir con esta salsa los rollitos de berenjenas y calentar en el horno convencional o en microondas.

• Servir con arroz blanco.

CUÁNDO SE RECOMIENDA	PORQUE
• Para bajar de peso, corregir el desequilibrio nutricional y combatir la osteoporosis, el colesterol alto y el estreñimiento.	• Es de calorías moderadas, de cero colesterol, con gran aporte de calcio dado por la mozzarella y la leche, y vitaminas, minerales y fibras que brindan las hortalizas.

Hortalizas horneadas

 SUPERFÁCIL

 MUY RÁPIDO

 ECONÓMICO

BAJAS CALORÍAS

COMIDA DIARIA

■ QUÉ SE NECESITA

1 atado de espárragos • 2 zanahorias • 4 puerros • el cuello de una calabacita grande • 1 hinojo chico • 1 cebolla • 1 taza de leche descremada • 1/4 de taza de vino blanco seco • 1 cucharadita de fenogreco molido • 2 cucharaditas de coriandro molido • 1 cucharadita de garam masala • aceite de maíz, salvado de avena y queso rallado en cantidad necesaria

■ CÓMO SE PREPARA

• Prender el horno a temperatura moderada.
• Cortar las zanahorias a lo largo en seis tajadas.
• Trozar el puerro, en diagonal, en gruesas tajadas.
• Rebanar la calabacita aproximadamente en trozos de 1 cm.
• Cortar el hinojo en rodajas finas y la cebolla en gruesas.
• Pincelar con el aceite una fuente para horno que pueda ser llevada a la mesa. Ubicar sobre ella, por capas, las hortalizas en el siguiente orden: zanahoria, calabacita, hinojo, cebolla y puerro. Entre una capa y otra, condimentar.
• Cubrir con las puntas de espárragos. Agregar la leche y el vino.
• Tapar la fuente con papel de aluminio y cocinar 15 minutos. Retirar el papel de aluminio y cocinar 5 minutos más.
• Espolvorear entonces con la mezcla de salvado de avena y queso rallado. Gratinar
• Llevar a la mesa y servir.

CUÁNDO SE RECOMIENDA	PORQUE
• Para bajar de peso, combatir la osteoporosis, el estreñimiento, el colesterol alto y mejorar la piel.	• Es un plato bajo en calorías y sodio, sin colesterol, con buen aporte de calcio y fibra.

Quiche de puerros y albahaca

 ELABORADO

 NO TAN RÁPIDO

 MUY ECONÓMICO

BAJAS CALORÍAS

COMIDA PARA RECIBIR

■ QUÉ SE NECESITA

Masa: 1/4 de taza de harina • 3/4 de taza de harina integral superfina • 2 cucharadas de fécula de maíz • 1 cucharada de mostaza en pasta • 1 pocillo de aceite • leche descremada, cantidad necesaria.
Relleno: 750 g de puerros • 1 planta de albahaca • 200 g de champiñones • 200 g de queso blanco dietético • 100 g de yogur sabor natural • 4 claras • 1 cucharadita de pimienta de Jamaica molida • 1 y 1/2 cucharadita de jengibre molido.

■ CÓMO SE PREPARA

• Cortar las hojas de los puerros y desecharlas. Lavar los blancos bajo el chorro de agua y cortar en diagonal en fetas finas.
• Filetear los champiñones.
• Ubicar ambos ingredientes en una cacerola antiadherente apenas pincelada con aceite y cocinar a fuego muy bajo, tapado, revolviendo cada tanto.
• Cuando estén tiernos los champiñones, revolver y cocinar un par de minutos más. Retirar del fuego, escurrir y condimentar con el jengibre y la pimienta de Jamaica.
• Separar algunas hojas de albahaca para decorar y el resto picarlas y mezclar con lo anterior.
• Sumar el queso blanco, el yogur y las claras.
• Poner todos los ingredientes de la masa en la procesadora. Procesar hasta obtener un bollo, adicionando de a chorritos la leche sólo en la medida que sea necesaria para que la masa se aglutine.
• Retirar y estirar con palo de amasar sobre superficie enharinada.
• Trasladar a un molde de tarta enmantecado y enharinado, recortando los bordes.
• Cocinar en blanco (es decir, sin relleno) en horno moderado 10 minutos.
• Cubrir con el relleno, emparejando con el revés de una cuchara.
• Hornear a temperatura moderada 25 a 30 minutos, o hasta que el relleno de la tarta esté firme. Retirar, decorar con las hojas de albahaca reservadas y servir tibia o fría.

→ **LA ALBAHACA, ADEMÁS DE TODO SU PERFUME Y SABOR, APORTA HIERRO.**

CUÁNDO SE RECOMIENDA	PORQUE
• Para bajar de peso, combatir la hipertensión, la osteoporosis, el colesterol alto y el estreñimiento.	• Es un plato bajísimo en sodio y calorías, de cero colesterol y con alta proporción de fibra insoluble y calcio.

Tarta de choclo al curry

(Ver foto)

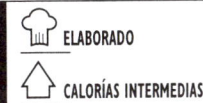 ELABORADO    NO TAN RÁPIDO    ECONÓMICO

CALORÍAS INTERMEDIAS   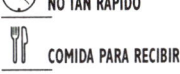 COMIDA PARA RECIBIR

■ QUÉ SE NECESITA

Masa: 3/4 de taza de harina leudante o, mejor aún, integral superfina
• 1/8 de taza de aceite de maíz • 1/4 de taza de leche descremada
• 1 cucharadita de cúrcuma • 1/2 cucharadita de sal fina
Relleno: 1 paquete de granos de choclo congelados• 2 cebollas de verdeo •
400 g de ricota descremada • 5 claras • 1/2 cucharadita de comino
• 1 cucharadita de jengibre molido • 1 y 1/2 cucharadita de curry

■ CÓMO SE PREPARA

• Procesar la harina con el aceite, la leche, la cúrcuma y la sal. De ser necesario, adicionar más leche para obtener un bollo. Si es posible, dejar descansar la masa, 1/2 hora, envuelta en una tela.

• Estirarla sobre superficie enharinada hasta que alcance un diámetro de 26 cm.

• Pincelar con aceite un molde de tarta de dicho diámetro, enharinar y cubrir con la masa de tarta. Pinchar con tenedor y hornear en blanco* a temperatura moderada durante 10 minutos.

• Mientras tanto cocinar al vapor durante 4 o 5 minutos los granos de choclo (también se pueden cocinar en un bol en el microondas durante 2 o 3 minutos).

• Retirar y mezclar con la ricota y con 2 claras, condimentando con el comino y el jengibre.

• Picar bien la cebolla de verdeo y sumar a lo anterior.

• Rellenar con esto la tarta y volver a llevar al horno durante 10 minutos.

• Batir a punto nieve, con una pizca de sal, las 3 claras restantes. Agregar el curry y volver a batir.

• Cubrir con las claras la tarta de choclo (haciendo picos con una cuchara) y hornear a fuego moderado aproximadamente 5 minutos. Si se desea, gratinar.

* "EN BLANCO" SIGNIFICA COCINAR LA MASA SIN RELLENO.

CUÁNDO SE RECOMIENDA	PORQUE
• Para combatir el estreñimiento, el colesterol alto y la osteoporosis.	• Es de muy bajo colesterol. Tanto la fibra del choclo como la ricota agilizan el paso del alimento por el intestino; además, la ricota provee calcio.

Tarta de alcauciles

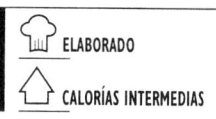 
■ QUÉ SE NECESITA

Masa: 1 y 1/2 *taza de harina blanca o, mejor aún, de integral superfina •*
1 pocillo de aceite • leche descremada cantidad necesaria • 1 cucharadita
de sal fina

Relleno: 10 *alcauciles • jugo de 1 limón • 1 taza de bechamel* light *bien*
espesa (ver receta en este libro) • 100 g de yogur sabor natural • 4 claras •
1/2 cucharadita de jengibre molido • 1/2 cucharadita de pimienta de Jamaica
*molida • 3 cucharaditas de coriandro molido • concassé * de tomate para*
decorar

■ CÓMO SE PREPARA

• Tener a mano un bol con agua y el jugo de limón.

• Cortar las puntas de los alcauciles y la base. Deshojar hasta llegar al corazón. Con una cucharita retirar la pelusa. Sumergir en agua con jugo de limón.

• Cuando se obtengan todos los corazones echarlos en agua hirviendo con otro poco de jugo de limón y hervir durante 12 minutos. Escurrir.

• Poner todos los ingredientes de la masa en la procesadora. Procesar hasta obtener un bollo, adicionando de a chorritos la leche sólo en la medida que sea necesaria para que la masa se forme. Retirar y, de ser posible, dejar descansar 1/2 hora.

• Estirar con palo de amasar sobre superficie enharinada y trasladar a un molde de tarta enmantecado y enharinado, recortando los bordes.

• Cocinar en blanco (sin relleno) en horno moderado 10 minutos.

• Mientras, mezclar la salsa bechamel *light* con el yogur, los condimentos y las claras.

• Cortar los corazones en dos y procesar. Incorporar a lo anterior. Rellenar la masa de la tarta.

• Hornear a temperatura moderada 20 a 25 minutos, o hasta que el relleno de la tarta esté firme.

• Retirar y decorar el borde con *concassé* de tomate.

• Servir tibia o fría.

→ **LOS ALCAUCILES TIENEN 20 CALORÍAS CADA 100 G, SON DIURÉTICOS Y ESTIMULAN LA SECRECIÓN BILIAR.**

* **EL CONCASSÉ DE TOMATES CONSISTE EN CUBITOS DE TOMATE PELADO Y SIN LAS SEMILLAS.**

CUÁNDO SE RECOMIENDA	PORQUE
• Para combatir el colesterol alto, la osteoporosis, la hipertensión, el estreñimiento y la anemia.	• Es un plato muy bajo en sodio y colesterol. La leche aporta calcio, y el alcaucil, hierro, potasio y fibra.

Tarta de espárragos

| 🧑‍🍳 ELABORADO | 🕐 NO TAN RÁPIDO | 💲 <u>MENOS ECONÓMICO</u> |
| 🏠 BAJAS CALORÍAS | 🍴 COMIDA PARA RECIBIR | |

■ QUÉ SE NECESITA

Masa: *1/2 taza de harina blanca • 1/2 taza de harina integral superfina • 2 cucharadas de fécula de maíz • 3 cucharadas de perejil fresco picado • 1 pocillo de aceite • leche descremada, cantidad necesaria*
Relleno:*1 y 1/2 atado de espárragos verdes (aproximadamente 750 g) • 200 g de queso blanco dietético • 100 g de yogur sabor natural • 4 claras • 1/2 cucharadita de comino molido • 1/2 cucharadita de curry*

■ CÓMO SE PREPARA

• Cortar los últimos 7 cm de los espárragos.
• Ubicar los espárragos en un vaporizador y poner durante 8 minutos, o poner en microondas dentro de una bolsa especial con un poco de agua, pinchada, durante 5 minutos aproximadamente (recordar que el tiempo de cocción varía según la marca del artefacto).
• Poner todos los ingredientes de la masa en la procesadora. Procesar hasta obtener un bollo, adicionando de a chorritos la leche sólo en la medida que sea necesaria para que la masa se forme. Retirar y, de ser posible, dejar descansar 1/2 hora.
• Estirar con palo de amasar sobre superficie enharinada y trasladar a un molde de tarta enmantecado y enharinado, recortando los bordes.
• Cocinar en blanco (sin relleno) en horno moderado 10 minutos.
• Mientras, mezclar el queso blanco con el yogur, el curry, el comino y las claras.
• Ubicar los espárragos (escurridos) sobre la masa de la tarta, de modo decorativo. Cubrir con la mezcla de queso y claras.
• Hornear a temperatura moderada 20 a 25 minutos, o hasta que el relleno de la tarta esté firme. Retirar y servir tibia o fría.

→ LOS ESPÁRRAGOS TIENEN 30 CALORÍAS CADA 100 G, SON RICOS EN VITAMINA C Y A, Y POSEEN PROPIEDADES DIURÉTICAS.

CUÁNDO SE RECOMIENDA	PORQUE
• Para bajar de peso, combatir el colesterol alto, la hipertensión, la osteoporosis y el estreñimiento; mejorar la piel.	• Todos los ingredientes son bajos en calorías, sodio y colesterol. Los lácteos aportan calcio, vitamina A y D, y los espárragos, fibra y vitamina A y C.

(Ver foto)

Quiche vegetal con almendras

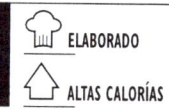 ELABORADO

ALTAS CALORÍAS

 NO TAN RÁPIDO

COMIDA PARA RECIBIR

 MENOS ECONÓMICO

■ QUÉ SE NECESITA

Masa: 3/4 de taza de harina leudante • 1/2 taza de harina integral superfina • 2 cucharadas de aceite de maíz • 2 cucharadas de perejil fresco picado • leche descremada, cantidad necesaria • 1/2 cucharadita de sal

Relleno: 1 taza de arvejas congeladas • 1 atado de brócoli • 1 taza de granos de choclo amarillo congelado • 150 g de yogur sabor natural • 150 g de queso blanco dietético • 5 cucharadas de queso rallado • 6 claras • 1 cucharadita de fenogreco molido • 1 cucharadita de quatre épices (cuatro especias) • 50 g de almendras fileteadas y tostadas

■ CÓMO SE PREPARA

• Poner en la procesadora todos los ingredientes de la masa y agregar 1/4 de taza de leche descremada. Procesar y, si es necesario, agregar de a poco más leche hasta que se forme un bollo.

• Envolver en nailon y dejar reposar la masa durante 1/2 hora.

• Mientras tanto cortar las flores del brócoli dejando 1 cm de tallo y cocinar al vapor, poniendo en el agua el coriandro molido. El tiempo de vaporización es de 1 y 1/2 a 2 minutos.

• Prender el horno a temperatura moderada.

• Enmantecar y enharinar un molde de *quiche* (tartera alta) de 22 cm de diámetro.

• Estirar la masa sobre superficie enharinada con palo de amasar hasta dejarla de 2 o 3 mm de espesor. Forrar el molde y recortar los bordes.

• Pinchar con tenedor y cocinar en blanco (sin relleno) en el horno 8 minutos aproximadamente.

• Retirar y rellenar con el brócoli, arvejas y granos de choclo descongelados y bien escurridos.

• Cubrir con el batido de claras, yogur, queso blanco, queso rallado, fenogreco y *quatre épices.* Espolvorear por encima las almendras fileteadas y tostadas.

• Cocinar en el piso del horno 7 minutos y luego en la rejilla del medio durante 25 minutos aproximadamente. Retirar, dejar reposar 5 minutos y servir.

CUÁNDO SE RECOMIENDA	PORQUE
• Para mejorar la piel. Combatir la osteoporosis, el estreñimiento, la hipertensión y el colesterol alto.	• Es baja en sodio y colesterol. Aporta calcio, fibra, y variados minerales y vitaminas.

Escabeche de berenjenas

 SUPERFÁCIL

 MUY RÁPIDO

 MUY ECONÓMICO

BAJAS CALORÍAS

COMIDA DIARIA

■ QUÉ SE NECESITA

2 berenjenas grandes • 1 pimiento morrón rojo • 1 pimiento morrón amarillo • 2 zanahorias • 1/2 taza de hojas de apio • 3 cebollitas de verdeo • 1/4 taza de aceite de oliva • 1/2 taza de vinagre de vino tinto • 1/2 taza de vino tinto • 1 cucharadita de chile (si se desea más picante, se pueden poner 2) • 1 y 1/2 cucharadita de pimentón• 2 cucharaditas de orégano • 2 cucharaditas de mejorana • escarbadientes

■ CÓMO SE PREPARA

• Cortar las berenjenas en fetas finas de aproximadamente 3 mm.
• Cortar los pimientos morrones, sacar semillas y cortar en juliana.
• Picar la cebollita de verdeo y las hojas de apio.
• Cortar las zanahorias "a pelapapa" (con el pelapapas como si estuviera pelándolas).
• Salar las tajadas de berenjena y cubrir con zanahoria. Arrollar y cerrar con un palillo.
• Poner en una cacerola todos los demás ingredientes y encima ubicar los arrolladitos de berenjena.
• Tapar y cocinar a fuego moderado 10 minutos. Dejar enfriar y si es posible consumir recién un día después.

→ **LA BERENJENA TIENE 25 CALORÍAS CADA 100 G, NO TIENE COLESTEROL. APORTA POTASIO Y, EN MENOR MEDIDA, CALCIO A NUESTRA DIETA.**

CUÁNDO SE RECOMIENDA	PORQUE
• Para bajar de peso, enriquecer nuestra dieta y combatir la hipertensión, el colesterol alto y la diabetes.	• En un plato de bajísimo nivel de sodio, grasas y calorías, de cero colesterol. Aporta calcio, potasio, fibras, vitaminas y betacaroteno.

Papillote de hortalizas

■ QUÉ SE NECESITA

250 g de zanahorias • 250 g de champiñones • 250 g de berenjenas • 250 g de zucchini (zapallito largo) • 250 g de pimiento morrón • 6 cucharadas de aceite de oliva • 1 cucharada de miel • 2 cucharadas de aceto balsámico • 1 cucharadita de jengibre molido • papel de aluminio, cantidad necesaria

■ CÓMO SE PREPARA

• Cortar las zanahorias en rodajas de 1/2 cm, en diagonal. Cocinar al vapor durante 3 minutos. Reservar.

• Cortar los *zucchini* en rodajas de 1/2 cm, en diagonal.

• Cortar las berenjenas, sin pelarlas, en rodajas de 1/2 cm, en diagonal.

• Ahuecar desde la parte superior los pimientos morrones, para retirarles el corazón con las semillas y cortar en ruedas finas (manteniendo la forma).

• Batir la miel con el jengibre y el aceto balsámico. Agregar el aceite y batir hasta emulsionar.

• Cortar cuadrados de papel de aluminio de 25 cm aproximadamente. Recortarlos en forma de corazón.

• Poner en una de las mitades del corazón un poco de zanahorias, *zucchini*, berenjenas, pimiento morrón y champiñones (si estos últimos son muy grandes cortar a la mitad).

• Rociar con un poco del aderezo de aceto.

• Doblar la otra mitad de papel, plegando los bordes (deben quedar bien cerrados).

• Poner en una fuente para horno y cocinar en horno moderado unos 20 minutos.

• Retirar, abrir el *papillote* con cuidado para que salga el vapor, y servir.

CUÁNDO SE RECOMIENDA

• Para bajar de peso, corregir el desequilibrio nutritivo y combatir la hipertensión, el colesterol alto y el estreñimiento.

PORQUE

• Es un plato bajo en calorías, grasas y sodio, de cero colesterol. Aporta fibras y gran variedad de minerales y vitaminas.

Potpourri de hortalizas al ajo

SUPERFÁCIL   MUY RÁPIDO   MUY ECONÓMICO

BAJAS CALORÍAS   COMIDA DIARIA ESPECIAL

■ QUÉ SE NECESITA

*2 zanahorias • 2 zapallitos largos• 200 g de champiñones frescos •
1 berenjena grande • 1/2 atado de brócoli o coliflor • 200 g de chauchas
• 2 cebollas de verdeo • 2 blancos de puerro • 1 ramillete de perejil •
5 dientes de ajo • 2 cucharadas de aceite de oliva • 1 y 1/2 cucharadita de
jengibre seco molido •* 3 cucharaditas de bouquet garni • *agua caliente en
cantidad necesaria*

■ CÓMO SE PREPARA

• Picar el ajo y el perejil.
• Cortar finamente la cebolla de verdeo (sin las hojas) y el puerro.
• Calentar el aceite de oliva en una cacerola tipo teflón y rehogar a
fuego suave el ajo y el perejil. Adicionar luego la cebolla de verdeo, el
puerro, el jengibre, y rehogar un poco más.
• Mientras tanto separar las flores de brócoli o coliflor en gajos, cortar
las zanahorias, los zapallitos, la berenjena y las chauchas en rombos.
• Sumar a lo anterior junto con 1 taza de agua hirviendo y el *bouquet
garni.*
• Cocinar tapado a fuego moderado durante 5 minutos.
• Filetear los champiñones. Agregarlos y dejar que se cocine todo otros
4 o 5 minutos.
• Servir de inmediato.

CUÁNDO SE RECOMIENDA	PORQUE
• Para bajar de peso, corregir el desequilibrio nutritivo, y combatir la hipertensión, el colesterol alto y el estreñimiento.	• Es un plato bajo en calorías, grasas y sodio, de cero colesterol. Aporta fibras soluble e insoluble y variados minerales y vitaminas. El ajo actúa como hipotensor.

Tortilla
de hortalizas sin yema

 ELABORADO  NO TAN RÁPIDO  MUY ECONÓMICO

BAJAS CALORÍAS   COMIDA DIARIA ESPECIAL

■ QUÉ SE NECESITA

*4 zapallitos • 3 zanahorias • 8 claras • 150 g de queso port salut •
2 tomates redondos • 4 cucharaditas de semillas de mostaza molidas
• 1 cucharadita de jengibre*

■ CÓMO SE PREPARA

• Cortar los zapallitos en muy finas rodajas.
• Poner en una cacerola antiadherente y cocinar tapados, a fuego bajo, hasta que estén tiernos. Retirar y escurrir bien.
• Rallar las zanahorias.
• Batir las claras con las semillas de mostaza y el jengibre. Dividir en dos.
• Mezclar una mitad con los zapallitos y la otra mitad con las zanahorias.
• Untar apenas con aceite una sartén antiadherente y volcar la preparación de zapallitos. Emparejar con espátula y cubrir con la preparación de zanahoria. Volver a emparejar.
• Cocinar a fuego suave.
• Cortar en finas tajadas el queso y en rodajas el tomate.
• Cuando empiece a cuajar la parte superior de la tortilla, darla vuelta, ayudándose con un plato o una tapa de cacerola.
• Cubrir con el queso y acomodar decorativamente el tomate.
• Cocinar hasta que la tortilla esté firme y el queso derretido.
• Servir en porciones.

↪ **LA ZANAHORIA TIENE 42 CALORÍAS CADA 100 G, CERO COLESTEROL Y UNA IMPORTANTE CANTIDAD DE BETACAROTENO (VITAMINA A).**

CUÁNDO SE RECOMIENDA	PORQUE
• Para bajar de peso, combatir la hipertensión, la osteoporosis y el colesterol alto.	• Los ingredientes son muy bajos en calorías, sodio y colesterol. Aportan calcio, antioxidantes y vitamina A.

Lasaña
de berenjenas

 ELABORADO

 NO TAN RÁPIDO

 ECONÓMICO

ALTAS CALORÍAS

COMIDA DIARIA ESPECIAL

■ QUÉ SE NECESITA

3 berenjenas • 400 g de ricota descremada • 200 g de mozzarella dietética rallada • 150 g de jamón cocido desgrasado • 1/2 litro de leche descremada • 2 cucharadas de aceite de oliva • 2 cucharadas de fécula de maíz • 1/2 cucharadita de nuez moscada rallada • 1/4 litro de salsa de tomate liviana (ver receta en este libro) • queso rallado y pan rallado cantidad necesaria • 1 cucharadita de comino molido • 3 cucharaditas de mejorana u orégano

■ CÓMO SE PREPARA

• Pelar las berenjenas y cortarlas en finas rodajas a lo largo.
• Cocinarlas al vapor o en microondas durante 4 minutos (el tiempo de cocción en el microondas depende de la potencia del artefacto).
• Hacer una bechamel liviana diluyendo la fécula con la leche en una cacerolita y revolviendo sobre el fuego hasta que hierva. Retirar y mezclar con 1 cucharada de aceite de oliva y condimentar con la nuez moscada.
• Tomar una fuente para horno y pincelar con el resto del aceite. Cubrir el fondo con las 3/4 partes de la salsa de tomate.
• Tapizar con una capa de berenjenas. Condimentar con la mitad de las especias.
• Cubrir con la mitad de la ricota, luego la mitad del jamón y luego la mitad de la mozzarella.
• Tapar con otra capa de berenjenas y reiterar el procedimiento. Salsear con la bechamel liviana y el resto de la salsa de tomate.
• Espolvorear con el queso rallado mezclado en partes iguales con el pan rallado.
• Calentar en horno moderado durante 25 minutos y luego gratinar.

CUÁNDO SE RECOMIENDA	PORQUE
• Para combatir la osteoporosis, el colesterol alto y el estreñimiento.	• Es un plato que aporta, a través de los vegetales, mucha fibra, y por los lácteos, mucho calcio. Es de bajo colesterol.

Timbales Soubisse

 ELABORADO    NO TAN RÁPIDO    MUY ECONÓMICO

△ BAJAS CALORÍAS   COMIDA PARA RECIBIR

■ QUÉ SE NECESITA

1 kg de cebollas • 1/2 litro de leche descremada • 3 cucharadas soperas de fécula de maíz • 6 cucharadas de aceite de oliva • 50 g de queso parmesano rallado • 4 claras • 2 cucharaditas de quatre épices (mezcla de cuatro especias) • 4 tomates perita rojos • 1 pimiento morrón grande rojo • 1/4 de taza de hojas de albahaca picadas • salvado de avena, cantidad necesaria • páprika, chile o salsa tabasco, a gusto

■ CÓMO SE PREPARA

• Pelar las cebollas y cortarlas en finas rodajas.

• Untar una sartén con la mitad del aceite de oliva y poner allí la cebolla. De ser posible salar. Tapar y cocinar a fuego suave, revolviendo cada tanto, hasta que la cebolla esté translúcida. Retirar. Escurrir en un colador.

• Poner en un jarro la fécula y el *quatre épices,* agregar la leche de a poco para disolverlos con la leche, adicionando ésta última de a poco sin que se formen grumos.

• Calentar sobre fuego moderado revolviendo continuamente hasta que hierva 1 minuto. Retirar y mezclar con la cebolla.

• Sumar la mitad de las claras, mezclar e incorporar 3 cucharadas de salvado de avena y el queso parmesano rallado. Batir las 2 claras restantes a punto nieve y con suaves movimientos sumar a lo anterior.

• Enmantecar moldes de timbales individuales y espolvorearlos con salvado de avena. Volcar en ellos la preparación de cebolla.

• Cocinar en baño de María (poniendo los timbales dentro de una fuente con agua que no supere la mitad de la altura de los moldes) en horno moderado durante 25 minutos o hasta que cuajen.

• Mientras tanto asar el morrón en la parrilla del horno, pelarlo y retirarle las semillas.

• Hacer un corte en cruz en la base de los tomates, sumergirlos 1 minuto en agua hirviendo, pelarlos y sacarles las semillas.

• Procesar los tomates y el pimiento morrón con las hojas de albahaca y las 3 cucharadas restantes de aceite de oliva. De ser necesario, aligerar este *coulis** con un poco de agua.

• Condimentar con páprika, chile o salsa tabasco a gusto.

• Desmoldar los timbales y servir con el *coulis* a temperatura ambiente, decorando con hojas de albahaca.

* **EL *COULIS* ES UN PURÉ SEMILÍQUIDO DE VEGETALES O FRUTAS QUE SE UTILIZA COMO SALSA PARA PREPARACIONES SALADAS Y DULCES.**

CUÁNDO SE RECOMIENDA	PORQUE
• Para bajar de peso, combatir la osteoporosis, la hipertensión y el colesterol alto.	• Los ingredientes son bajos en calorías, sodio y colesterol; los lácteos aportan calcio en buena proporción.

Noisettes de hortalizas dulces en zucchini

 ELABORADO

 NO TAN RÁPIDO

 MUY ECONÓMICO

△ CALORÍAS INTERMEDIAS

🍴 COMIDA PARA RECIBIR

■ QUÉ SE NECESITA

4 zucchini *parejos* • 5 remolachas • 5 zanahorias • 3 batatas • 200 g de mozzarella • 1/2 cucharadita de jengibre molido

■ CÓMO SE PREPARA

• Partir los *zucchini* a lo largo y con la cucharita parisién retirar la pulpa haciendo bolitas. Terminar de ahuecar y reservar las bolitas.

• Cocinar al vapor las mitades de *zucchini*, de tal modo que queden cocidos pero firmes.

• Cocinar 2 minutos las *noisettes* de *zucchini*.

• Hacer *noisettes* con la zanahoria y la remolacha pelada (si resultan muy duras, cocinar apenas al vapor previamente) y con la batata pelada.

• Cocinar al vapor por separado cada hortaliza, ya que la batata lleva 2 minutos de cocción, la remolacha 4 y la zanahoria 6 (también se pueden cocinar por separado en una bolsa pinchada con apenas de agua en el microondas).

• Rallar la mozzarella.

• Mezclar las *noisettes* de hortalizas dulces (*zucchini*, remolacha, batata, zanahoria) con la mozzarella y el jengibre.

• Rellenar las mitades reservadas de *zucchini*.

• Calentar en el horno hasta que se derrita la mozzarella y servir.

CUÁNDO SE RECOMIENDA
• Para bajar de peso, corregir el desequilibrio nutricional, mejorar la piel y combatir el estreñimiento, la hipertensión y el colesterol alto.

PORQUE
• Es un plato bajo en calorías, sodio y colesterol que aporta variados minerales, vitaminas y fibra.

Todo sobre el calcio

Mucha gente piensa que al consumo de calcio sólo se le debe dar importancia durante la infancia, cuando se está en pleno crecimiento. Nada más erróneo. Para empezar, el organismo sigue absorbiendo calcio para terminar de constituir los huesos hasta aproximadamente los 30 años. Pero con independencia de ello, **durante toda la vida el cuerpo sigue necesitando un nivel constante de calcio en la sangre para, sobre todo, fortalecer la estructura ósea, los músculos y la dentadura.** Cuando en nuestro organismo hay poco calcio, el que está almacenado en los huesos va al torrente sanguíneo; de ese modo los huesos pierden densidad, y se vuelven cada vez más frágiles. Este proceso, que se desarrolla de un modo tan lento como silencioso —por lo que pueden pasar años sin que se manifieste—, es lo que lleva a la **osteoporosis**. De ella a unas cuantas fracturas hay muy pocos pasos.

Esta enfermedad ocurre en mayor medida en las mujeres de más de 50 años y está directamente relacionada con la baja de la función hormonal que se produce después de la menopausia. La caída de los niveles de estrógeno en esa etapa de la vida femenina hace que el organismo no retenga el calcio que consume, ya que el nivel de calcio que se almacena en nuestros huesos es controlado por una hormona relacionada con la paratiroides.

Para combatir este problema y, mejor aún, prevenirlo, la dieta rica en calcio es fundamental. De allí la importancia de consumir productos lácteos como leche, queso, yogur, ricota y también semillas de sésamo, almendras, brócoli, repollo y sardinas. **Pero otros aspectos que deben tenerse en cuenta son:** mantener un nivel normal de hormonas —vital para retener el calcio que se consume—, desarrollar actividad física, pues el calcio va hacia la masa muscular cuando se la ejercita, y tomar sol con moderación, para fijar en la piel la vitamina D.

La información no estaría completa si no tuviéramos en cuenta **los factores contrarios a la retención del calcio.** Éstos son: alto consumo de sal, ya que incrementa la pérdida de calcio a través de la orina; alto consumo de proteínas, que reduce la retención del calcio, del mismo modo que el alto consumo de cigarrillos, cafeína y alcohol.

Ahora sí, con pasos firmes y seguros, a encaminarse a la cocina para poner en práctica todas las recetas ricas en calcio de este libro.

CAPÍTULO 5

Cereales y legumbres: sabor y salud

Ventajas nutricionales de los cereales y las legumbres

Hasta hace unos años, tal vez un capítulo de cereales y legumbres en un libro de "dietas" era impensable. Obviamente porque el concepto de dieta, de manera errónea, estaba vinculado sólo con bajar de peso consumiendo ingredientes de muy bajas calorías, lo que yo llamo "la dieta del champiñón con limón".

Así, a los pobres cereales y legumbres se les colgó el mote de "engordantes" cuando en realidad **no son, repito, no son de altas calorías. ¿Por qué? Porque 1 g de carbohidratos —que son el principal componente de estos alimentos— sólo tiene 4 calorías, mientras que 1 g de grasa (presente en carnes, lácteos y otros) tiene 9 calorías.** Además, las legumbres y los cereales aportan importantes nutrientes a nuestro organismo, por lo que son alimentos beneficiosos para nuestra salud.

Los cereales son las semillas de las plantas gramíneas, como el trigo, el arroz, el maíz. Se encuentran encerradas en membranas celulósicas formadas por el albumen y el germen.

Su composición es básicamente de carbohidratos (entre 70 y 80%) bajo la forma de almidón, proteínas (entre 7,5 y 12%), minerales como el fósforo y el hierro, vitaminas E, B1, B2 y una importante presencia de fibras celulósicas (insolubles).

Para asegurarse la obtención de todos los beneficios que aportan los cereales hay que consumir los integrales, ya que en las envolturas del grano se encuentra la mayor concentración de fibras y vitaminas. Por ejemplo, en el grano de trigo encontramos capas formadas por las envolturas, el endosperma y el germen. Las envolturas son lo que denominamos salvado, y en él está la mayor parte de los nutrientes que hacen que los cereales, dentro de la **pirámide alimentaria** que vimos al principio, se consideren básicos en nuestra alimentación.

Otra idea equivocada es pensar que las pastas son engordantes. En realidad, si comparamos una porción de fideos con salsa de tomate con una porción de carne asada de igual peso, nos sorprenderemos al comprobar que tiene más calorías... ¡la carne! ¿Por qué? Porque tiene mayor proporción de grasa, y —como ya dijimos— cada gramo de grasa tiene más del doble de las calorías que un gramo de carbohidratos. **Nuevamente, el ideal sería que consumiéramos pastas hechas con harina integral,** para convertir así a nuestros ñoquis del 29 en una verdadera fuente de nutrición.

En cuanto a **las legumbres**, definitivamente tienen que cambiar de lugar dentro de nuestro esquema culinario, ya que **son una verdadera reserva de energía y salud**. Las legumbres son las semillas de plantas leguminosas, como los porotos, las arvejas, los garbanzos, las lentejas, la soja. Su gran riqueza en proteínas, que varía desde el 20% hasta casi el 35% en el caso de la soja, es comparable a las proteínas de la carne, sobre todo si se las complementa con el consumo de cereales. Son muy bajas en grasas, de cero colesterol y ricas en carbohidratos como el almidón y la celulosa. Abundantes en hierro, calcio, vitamina B y fósforo, además poseen betacarotenos y vitaminas del complejo B. Asimismo, poseen una importante cantidad de fibra soluble e insoluble que, entre otras cosas, ayuda a bajar el colesterol y estimula la función intestinal.

Así que la próxima vez que oiga a alguien decir que la mejor dieta es la del "no a las 4 P" (no al pan, las pastas, los postres y las papas), no discuta; simplemente regálele este libro.

Arroz
al brócoli

 FÁCIL  RÁPIDO  MUY ECONÓMICO

CALORÍAS INTERMEDIAS COMIDA DIARIA ESPECIAL

■ QUÉ SE NECESITA

1 y 1/2 taza de arroz blanco o integral • 2 atados de brócoli (que estén bien verdes y cerrados) • 1 cucharada de ajedrea • 1 cabeza de ajo • 4 cucharadas de aceite de oliva • 2 cucharaditas de cúrcuma • pimienta blanca recién molida, a gusto

■ CÓMO SE PREPARA

• Separar los dientes de ajo, pelarlos y picarlos.
• Separar el brócoli en ramitos, dejando sólo 1 cm de tronco.
• Calentar el aceite de oliva y a fuego suave rehogar el ajo.
• Incorporar la cúrcuma, mezclar y sumar el arroz. Granearlo (rehogarlo sobre fuego suave revolviendo continuamente). Incorporar 1 y 1/2 taza de agua caliente y tapar. Dejar que la absorba.
• Mientras, cocinar al vapor 1 y 1/2 minuto los ramitos de brócoli poniendo en el agua de vaporización la ajedrea (no sólo es saborizante sino también antiflatulenta).
• Cuando el arroz haya absorbido el líquido sumarle 1 y 3/4 taza más de agua caliente junto con los brócoli. Cocinar tapado hasta que el arroz quede sin líquido.
• Servir caliente o frío, en este último caso con un copete de mayonesa dietética.

CUÁNDO SE RECOMIENDA	PORQUE
• Para combatir el colesterol alto, la hipertensión, la osteoporosis y el estreñimiento.	• Es un plato bajo en grasas y sodio, de cero colesterol. El arroz integral y el brócoli aportan una importante cantidad de fibra. Además, el ajo es un hipotensor natural de la presión sanguínea.

Ensalada de arroz y espárragos

 ELABORADO　　 NO TAN RÁPIDO　　 MENOS ECONÓMICO

CALORÍAS INTERMEDIAS　　COMIDA PARA RECIBIR

■ QUÉ SE NECESITA

1 atado de espárragos verdes (aproximadamente 500 g) • 3 ramas de apio
• 1 taza de arroz blanco o, mejor aún, integral • 100 g de jamón cocido •
50 g de nueces • jugo de 1/2 limón
Aliño: 3 cucharadas de vinagre de manzana • 3 cucharadas de aceite de
maíz • 1 cucharada de mostaza • 1 cucharada de miel • 4 cucharadas
de queso blanco dietético • 1/4 de taza de agua

■ CÓMO SE PREPARA

• Hervir abundante agua con el jugo de 1/2 limón y un puñado de sal
gruesa (opcional).
• Echar el arroz y hervir, según su clase, entre 10 y 15 minutos. Si se
opta por el integral, calcular entre 30 y 40 minutos. Retirar y lavar bajo
el chorro de agua fría. Colar.
• Desechar los últimos 5 cm de los espárragos y pelar los extremos
opuestos a las puntas.
• Cocinar los espárragos al vapor entre 8 y 9 minutos o en microondas,
en una bolsa pinchada, con poca agua, durante 5 minutos.
• Cortar las puntas, reservarlas y el resto cortar en trozos de 1 cm.
• Cortar el jamón en trocitos.
• Cortar el apio en finas rodajas.
• Picar apenas las nueces.
• Mezclar el arroz con el jamón, los espárragos y el apio.
• Hacer el aliño diluyendo sal (si se optó por ella) con el vinagre y el
agua. Incorporar la mostaza y la miel y volver a batir. En último término
incorporar el aceite, batir, el queso blanco y batir nuevamente hasta
emulsionar.
• Incorporar el aliño a la mezcla de arroz. Dejar en la heladera unas
horas.
• Servir la ensalada en fuente o plato y decorar con las puntas de
espárragos reservadas y las nueces.

CUÁNDO SE RECOMIENDA	PORQUE
• Para la etapa de mantenimiento de dieta, colesterol alto, hipertensión (obviar el jamón cocido), desequilibrio nutritivo, estreñimiento.	• Los ingredientes son bajos en sodio y colesterol. Los espárragos tienen mucha fibra insoluble que ayuda al funcionamiento intestinal y las nueces proveen vitaminas y grasas saludables.

Pastel de arroz y champiñones

 ELABORADO

 NO TAN RÁPIDO

 MENOS ECONÓMICO

CALORÍAS INTERMEDIAS

COMIDA DIARIA ESPECIAL

■ QUÉ SE NECESITA

Base: 50 g de semillas de sésamo tostadas • 1 y 1/2 taza de arroz blanco o integral hervido • 2 claras • 2 cucharaditas de bouquet garni
Cubierta: 1 cebolla en rodajas • 2 cucharadas de aceite de oliva • 1 pimiento morrón en tiras • 250 g de champiñones fileteados • 3/4 de taza de yogur sabor natural • 3 claras • 2 cucharadas de queso rallado • 1 cucharadita de páprika

■ CÓMO SE PREPARA

• Mezclar todos los ingredientes de la base y ubicar en el fondo de una tartera enmantecada o aceitada, presionando bien (también se puede utilizar un molde de aro desmontable).
• Rehogar la cebolla en el aceite junto con el morrón.
• Sumar los champiñones y cocinar hasta que estén tiernos. Poner este relleno, bien escurrido, sobre la base de arroz.
• Mezclar las claras con el yogur y verter sobre lo anterior.
• Espolvorear con el queso rallado mezclado con la páprika.
• Hornear a temperatura moderada durante 30 minutos aproximadamente.

CUÁNDO SE RECOMIENDA	PORQUE
• Para combatir la hipertensión, el colesterol alto, el estreñimiento y la debilidad.	• Es un plato de cero colesterol y muy bajo en grasas. El arroz integral aporta vitaminas y fibra; las semillas de sésamo, grasas monoinsaturadas y mucha energía.

Risotto integral con hortalizas

 ELABORADO    NO TAN RÁPIDO    MUY ECONÓMICO

CALORÍAS INTERMEDIAS   COMIDA DIARIA ESPECIAL

■ QUÉ SE NECESITA

1 taza de arroz integral • 2 cebollas • 2 cucharaditas de curry • 2 cucharaditas de condimento para arroz • 3 cucharadas de aceite de maíz • 2 y 3/4 tazas de agua caliente • 1/2 atado de brócoli • 2 zanahorias • 1 pimiento morrón rojo • 1 pimiento morrón verde

■ CÓMO SE PREPARA

• Cortar la cebolla en cuadraditos (dejarla previamente en la heladera para no llorar).

• Calentar el aceite en una sartén antiadherente y rehogar la cebolla tapada a fuego suave hasta que transparente.

• Destapar y agregar el condimento para arroz, el curry y el arroz. Granearlo (dorarlo ligeramente revolviendo).

• Incorporar la mitad del agua caliente y tapar. Una vez absorbido el líquido agregar el resto y cocinar tapado hasta que quede poco líquido. Apagar el fuego y dejar reposar tapado unos minutos.

• Mientras, cortar la zanahoria en juliana, el brócoli en ramitos y el pimiento morrón en tiras. Cocinar al vapor todo durante 3 minutos.

• Servir en cada plato una porción del risotto y cubrir con las hortalizas de forma decorativa.

• Si se desea, acompañar con queso rallado.

CUÁNDO SE RECOMIENDA

• Para corregir el desequilibrio nutritivo, combatir la hipertensión y el estreñimiento y prevenir el cáncer de colon.

PORQUE

• Todos los ingredientes son de muy bajo sodio y cero colesterol. Aportan gran cantidad de nutrientes, fibra y vitaminas. El arroz integral y la zanahoria se destacan por su acción antioxidante.

Arroz
con mariscos al verdeo

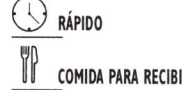

⌂ FÁCIL   🕐 RÁPIDO $ ECONÓMICO

⌂ CALORÍAS INTERMEDIAS   🍴 COMIDA PARA RECIBIR

■ QUÉ SE NECESITA

1 y 1/4 taza de arroz blanco o, mejor aún, integral • 250 g de mejillones sin valva • 1/2 taza de vino blanco • 1/4 de taza de aceite de oliva • 1/4 kg de cebolla de verdeo • 1 ramillete de perejil fresco • 1 cucharadita de fenogreco molido • pimienta blanca recién molida a gusto

■ CÓMO SE PREPARA

• Picar la cebolla de verdeo.
• Picar las hojitas de perejil.
• Lavar bien el arroz en un colador y dejar secar.
• Calentar el aceite y rehogar a fuego suave la cebolla de verdeo.
• Sumar el arroz y, a fuego suave, granearlo (rehogarlo), removiendo con cuchara de madera aproximadamente 1 minuto. Condimentar con el fenogreco y mezclar. Agregar el vino y reducir.
• Incorporar 2 y 3/4 tazas de agua si se trata de arroz blanco y 3 y 1/2 tazas de agua si se utiliza arroz integral.
• Cocinar tapado a fuego bajo hasta que el arroz haya absorbido gran parte del líquido.
• Agregar los mejillones y el perejil, mezclar y cocinar tapado unos minutos más o hasta que el arroz esté brillante pero seco.
• Retirar y servir bien caliente, esparciendo por encima la pimienta recién molida.

CUÁNDO SE RECOMIENDA	PORQUE
• Para la etapa de mantenimiento de dieta, corregir el desequilibrio nutritivo y combatir el estreñimiento y el colesterol alto.	• Es un plato de muy bajo colesterol. El arroz integral aporta gran cantidad de fibra insoluble, y los mejillones, proteínas y minerales.

Arroz Pilaf

 FÁCIL    RÁPIDO    ECONÓMICO

⌂ ALTAS CALORÍAS   ⑪ COMIDA PARA RECIBIR

■ QUÉ SE NECESITA

1 taza de arroz blanco o, mejor aún, integral • 4 cucharadas de aceite de maíz • 100 g de pasas de uva • 100 g de almendras • 1 cucharadita de jengibre molido • 1 cucharadita de cardamomo molido

■ CÓMO SE PREPARA

• Lavar el arroz y escurrir bien hasta que seque.
• Calentar el aceite, incorporar el jengibre y cardamomo y luego el arroz. Granearlo (rehogarlo revolviendo en forma continua).
• Sumar 2 y 1/2 tazas de agua y las pasas de uva.
• Pasar a una fuente antiadherente o de vidrio, tapar y cocinar a fuego suave en el horno durante 10 minutos. Apagar el fuego y dejar reposar el arroz dentro del horno hasta que haya absorbido todo el líquido.
• Mientras tanto hervir las almendras 1 minuto. Escurrir y refrescar con agua fría. Volver a colar. Frotarlas para despegarles la piel y filetearlas (cortar en tajaditas).
• Calentar una sartén y tostar las almendras a fuego moderado, sacudiendo la sartén con frecuencia para que se tuesten de modo parejo. Retirar el arroz del horno, espolvorear con las almendras y servir.

CUÁNDO SE RECOMIENDA

• Para corregir el desequilibrio nutritivo, combatir la osteoporosis, la debilidad, el estreñimiento y el colesterol alto.

PORQUE

Tanto las almendras como las pasas de uva no sólo son ricas en calorías sino también en nutrientes, aportando potasio, fósforo, calcio, hierro y, en el caso de las almendras, fibras insolubles y solubles, más grasas insaturadas que ayudan a bajar el colesterol.

Matambre de arroz

(Ver foto)

🍳 ELABORADO   🕐 NO TAN RÁPIDO   💲 ECONÓMICO

△ CALORÍAS INTERMEDIAS   🍴 COMIDA PARA RECIBIR

■ QUÉ SE NECESITA

1 y 1/4 taza de arroz blanco o, mejor aún, integral • 2 cucharaditas de condimento para arroz • 2 cucharadas de aceite • 2 zanahorias ralladas • 2 pimientos morrones • 2 dientes de ajo • 100 g de jamón cocido • 1 ramillete de perejil • 2 cucharaditas de orégano • 1 cucharadita de jengibre • 1 sobre de gelatina sin sabor

■ CÓMO SE PREPARA

• Calentar el aceite y rehogar el ajo picado con el condimento para arroz y el jengibre.
• Incorporar el arroz. Granearlo (dorarlo ligeramente revolviendo).
• Sumar 2 y 3/4 tazas de agua caliente para el arroz blanco y 3 y 1/2 tazas para el arroz integral.
• Cocinar tapado a fuego suave hasta que absorba todo el líquido.
• Agregar entonces la gelatina sin sabor diluida en agua fría y mezclar bien.
• Extender el arroz sobre una fuente rectangular forrada con papel film. Enfriar 15 minutos en heladera.
• Asar los pimientos morrones en la parrilla del horno de todos lados.
• Poner en una bolsa tipo freezer (gruesa) y dejar que enfríen dentro de ella. Pelar y cortar en tiras.
• Retirar el arroz de la heladera y cubrir con una capa de zanahoria rallada. Espolvorear con la mitad del orégano y el perejil.
• Acomodar las tiras de morrones y volver a espolvorear con el orégano y perejil.
• Tapizar con el jamón cocido desgrasado.
• Arrollar como si fuera un matambre ayudándose con el papel film.
• Dejar reposar unas cuantas horas en la heladera antes de cortarlo (ideal con cuchillo eléctrico).
• Servir con ensaladas y decorar con copos de mayonesa dietética y tomatitos *cherry*.

CUÁNDO SE RECOMIENDA	PORQUE
• Para combatir el estreñimiento, el colesterol alto y la hipertensión (suprimir el jamón).	• Es un plato de bajo colesterol. El arroz integral aporta fibra insoluble y vitamina E, que es un importante antioxidante.

Pimientos rellenos a la Cárdenas*

 ELABORADO  NO TAN RÁPIDO  MUY ECONÓMICO

△ ALTAS CALORÍAS 🍴 COMIDA DIARIA ESPECIAL

■ QUÉ SE NECESITA

3 pimientos morrones de buen tamaño (ideal la variedad calahorra) • 120 g de porotos aduki u otro similar, remojados 12 horas • 5 tomates perita maduros • 1 cebolla • 3 cucharaditas de coriandro molido • 2 cucharadas de salsa tabasco (si se lo desea menos picante, poner la mitad) • 4 cucharadas de aceite de maíz • 1/4 litro de leche descremada • 6 cucharadas de queso rallado • 1 cucharada de fécula de maíz • 1 cucharadita de cúrcuma

■ CÓMO SE PREPARA

• Hervir los porotos en abundante agua condimentados con el coriandro, hasta que estén blandos (aproximadamente 1 hora). Procesar apenas, sin que se forme una pasta.
• Picar la cebolla.
• Sumergir los tomates 1 minuto en agua hirviendo. Retirar y refrescar con agua fría. Pelar, retirarles las semillas y picar.
• Poner en una cacerolita antiadherente el aceite y la cebolla y calentar a fuego suave hasta que transparente.
• Sumar el tomate y cocinar destapado hasta que se evapore algo de líquido.
• Agregar entonces los porotos, mezclar y cocinar a fuego suave hasta que espese la preparación. Retirar y saborizar con la salsa tabasco.
• Mientras, cortar los pimientos morrones al medio, desechar las semillas y cocinar al vapor unos minutos, hasta que estén cocidos pero firmes.
• Retirar, dejar entibiar y rellenar con la mezcla de porotos.
• Hacer una salsa diluyendo la fécula con la leche y revolviendo sobre el fuego hasta que hierva 1 minuto.
• Retirar, colorear con la cúrcuma y agregar el queso rallado, mezclar bien.
• Cubrir con esta salsa los pimientos rellenos y calentar en una fuente antiadherente apenas aceitada, en horno moderado, unos minutos.
Servir con ensaladas.

* **EL NOMBRE DE ESTA RECETA ES EN RECONOCIMIENTO A UNA ALUMNA MEJICANA, QUE CON TODA GENEROSIDAD Y PACIENCIA ME ENSEÑÓ MUCHO SOBRE LA COCINA DE SU PAÍS.**

CUÁNDO SE RECOMIENDA	PORQUE
• Para aumentar de peso y combatir el estreñimiento, la hipertensión, la osteoporosis y el colesterol alto.	• Las legumbres aportan calorías, fibras soluble e insoluble, proteínas e hidratos de carbono con muy bajo nivel de sodio y cero colesterol.

Ensalada
de legumbres multicolor
(Ver foto)

 ELABORADO

 NO TAN RÁPIDO

 ECONÓMICO

ALTAS CALORÍAS

COMIDA PARA RECIBIR

■ QUÉ SE NECESITA

100 g de porotos aduki remojados 12 hs • 100 g de porotos negros remojados 12 horas • 2 cebollas • 2 clavos de olor • 2 hojas de laurel • 4 cucharaditas de coriandro molido • 350 g de granos de choclo amarillo congelado • 1 pimiento morrón rojo pequeño • 1 pimiento morrón verde pequeño • 1 pimiento morrón violáceo pequeño • 4 tomates redondos rojos y firmes • 4 claras • 1 y 1/2 cucharadita de cúrcuma • 2 cucharaditas de mostaza en pasta.

Aliño: 1/4 de taza de vinagre de manzana o jugo de limón • 1/4 de taza de agua • 1/4 de taza de aceite de oliva • 2 cucharadas de salsa tabasco o 2 chiles frescos picados • 1 cucharada de cilantro fresco picado o 2 cucharaditas de coriandro molido • 1 cucharadita de comino • 1/2 palta

■ CÓMO SE PREPARA

• Poner los porotos aduki en una cacerolita junto con una cebolla pinchada con 1 clavo de olor y 1 hoja de laurel. Cubrirlos con agua y hervirlos aproximadamente 1 hora. Hacer lo mismo con los porotos negros.

• Colar los porotos, refrescarlos con agua fría, escurrirlos bien y ponerlos en un bol.

• Cortar los tomates al medio, retirarles la mayor parte de las semillas y cortarlos en trocitos.

• Cortar al medio los pimientos morrones, desechar semillas y nervaduras y cortar en cuadraditos.

• Descongelar los granos de choclo y mezclarlos con los porotos, los tomates y los pimientos morrones.

• Pelar la 1/2 palta, desechando el carozo y procesar junto con todos los demás ingredientes del aliño.

• Aderezar con esto la ensalada y guardar en la heladera.

• Mientras tanto batir un poquito las claras con la cúrcuma y la mostaza.

• Aceitar apenas una sartén antiadherente y hacer la *omelette* de claras.

• Retirar, arrollar y cortar en finas tiritas.

• Sacar la ensalada de la heladera y servir sobre hojas de lechuga francesa, decorando con las tiritas de *omelette* de claras.

CUÁNDO SE RECOMIENDA	PORQUE
• Para corregir el desequilibrio nutricional y combatir el estreñimiento, la hipertensión y el colesterol alto.	• Es un plato con cero colesterol y con bajo sodio. Las hortalizas aportan distintas vitaminas, y las legumbres, fibra soluble, que ayuda a bajar el colesterol, e insoluble, que activa el intestino.

Porotos mejicanos

 FÁCIL    NO TAN RÁPIDO    MUY ECONÓMICO

ALTAS CALORÍAS   COMIDA DIARIA

■ QUÉ SE NECESITA

250 g de porotos aduki • 250 g de mozzarella dietética • 1 cebolla • 1 ramillete de perejil fresco • 4 cucharadas de aceite de maíz • 2 cucharaditas de chile en polvo • 4 cucharaditas de coriandro en semillas, molido, o 2 cucharadas de cilantro fresco picado • 2 dientes de ajo • 1 cucharadita de comino

■ CÓMO SE PREPARA

• Remojar los porotos 12 horas. Cambiarles el agua y poner en una cacerola con la mitad del coriandro y la cebolla partida al medio.

• Cocinar semitapados a fuego moderado hasta que estén tiernos (aproximadamente 1 hora). Escurrirlos y en un colador lavarlos bajo el chorro de agua.

• Picar el ajo y el perejil por separado.

• Calentar el aceite y rehogar el ajo. Incorporar los demás condimentos y los porotos. Saltearlos.

• Cortar la mozzarella en tiritas y agregar a la sartén. Dejar que se derrita.

• Retirar y servir de inmediato sobre tostadas de pan integral. Espolvorear con el perejil picado.

CUÁNDO SE RECOMIENDA

• Para aumentar de peso, combatir el colesterol alto, el estreñimiento, la osteoporosis y la hipertensión.

PORQUE

• Los porotos aportan fibra soluble, que ayuda a bajar el colesterol, e insoluble, que activa el intestino. Hay alta provisión de calcio por parte de la mozzarella.

Tortillas light al chile

(Ver foto)

👨‍🍳 ELABORADO	🕐 NO TAN RÁPIDO	💲 MUY ECONÓMICO
⌂ CALORÍAS INTERMEDIAS	🍴 COMIDA PARA RECIBIR	

■ QUÉ SE NECESITA

Masa: 3 partes de harina de maíz blanco • 1 parte de harina de trigo común • sal y agua en cantidad necesaria. Alternativa: 3 partes de harina de trigo común • 1 parte de aceite • sal y agua en cantidad necesaria
Relleno: 2 tazas de pollo sin piel en trozos • 1 taza de porotos hervidos • 1 taza de tomate en gajos • 1 taza de zanahoria rallada • 300 g de queso blanco • 1 taza de granos de choclo cocidos • 2 cucharaditas de coriandro molido • 1 o 2 chiles frescos picados • 1 cucharada de cebolla picada • 1 cucharada de vinagre

■ CÓMO SE PREPARA

• Las tortillas se preparan mezclando todos los elementos secos y agregando de a poco el agua hasta formar un bollo.
• Separar en trocitos, formar bolitas con las manos y aplastar con palo de amasar o en el tortillero* (ponerle una bolsa de nailon para que no se adhiera la masa).
• Calentar una sartén de hierro o de teflón y aceitar apenas.
• Echar la tortilla y dar vuelta rápidamente, presionando en el centro con el mango de una cuchara de madera. Volver a dar vuelta. En cuanto se inflen, retirar del fuego.
• Hacer del mismo modo las siguientes, apilándolas.
• Se las puede mantener calientes envolviéndolas con repasadores o poniéndolas apenas en el microondas.
• Mientras tanto, cocinar al vapor el pollo unos 5 o 6 minutos.
• Mezclar el queso blanco con la cebolla picada, el vinagre, el coriandro y los chiles picados. Aligerar con un poco de leche si es necesario.
• Rellenar cada tortilla con un poco de cada uno de los ingredientes (pollo, porotos, zanahoria, tomate) y salsearlos con la salsa de queso al chile. Cerrar al medio.
• Servir de inmediato sobre un colchón de hojas de lechuga.
* **EL TORTILLERO ES UN APARATO ESPECIAL QUE USAN LAS AMAS DE CASA EN MÉJICO PARA APLASTAR LOS BOLLITOS DE MASA, OBTENIENDO ASÍ LAS TORTILLAS.**

CUÁNDO SE RECOMIENDA	PORQUE
• Para corregir el desequilibrio nutricional y combatir el estreñimiento, la hipertensión y el colesterol alto.	• Es un plato bajo en colesterol y sodio. Aporta caroteno y vitamina C, fibras soluble e insoluble.

Lentejas & hongos

■ QUÉ SE NECESITA

300 g de lentejas remojadas durante 4 horas en agua con 2 cucharaditas de ajedrea • 500 g de champiñones • 4 cucharadas de hongos secos remojados en vino blanco, escurridos y picados • 1 vaso de vino blanco • 4 cebollas de verdeo • 1 pimiento morrón rojo • 1 cucharada de pimentón dulce • 2 cucharaditas de chile • 1 hoja de laurel • 1 cucharadita de comino molido • 4 cucharadas de aceite de oliva • 4 dientes de ajo picados • 4 choclos grandes desgranados

■ CÓMO SE PREPARA

• Hervir las lentejas hasta que estén cocidas en el agua con la ajedrea (el tiempo depende de la variedad y la frescura de las lentejas, puede variar de 20 minutos a 45).

• Mientras tanto, picar la cebolla de verdeo y el ajo. Cortar el pimiento morrón en cuadraditos, desechando las semillas.

• Rehogarlos en el aceite a fuego suave, tapados. Agregar el vino y los hongos y dejar reducir el alcohol.

• Condimentar con el pimentón, el chile, el comino, el laurel, e incorporar los champiñones (si son muy grandes, fileteados) y los choclos desgranados.

• Sumar las lentejas y agua en cantidad necesaria. Cocinar tapado a fuego bajo aproximadamente 15 minutos.

• Servir bien caliente en cazuelitas.

CUÁNDO SE RECOMIENDA

• Para combatir el colesterol alto, la hipertensión, el estreñimiento y la anemia.

PORQUE

• Es un plato bajísimo en sodio y grasas, de cero colesterol. Las lentejas aportan gran cantidad de hierro, fibra soluble, que ayuda a bajar el colesterol, e insoluble, que activa el intestino.

Ensalada de lentejas

 **ELABORADO**

 **NO TAN RÁPIDO**

 **MUY ECONÓMICO**

CALORÍAS INTERMEDIAS

COMIDA DIARIA ESPECIAL

■ QUÉ SE NECESITA

250 g de lentejas remojadas durante 4 o 5 horas en agua con 1 cucharada de coriandro molido • 2 pimientos morrones verdes • 2 pimientos morrones rojos • 2 berenjenas (preferentemente blancas) • 1/4 de taza de aceite de oliva • 4 cucharadas de vinagre de manzana • 1 cucharada de salsa tabasco • 2 cucharaditas de mejorana

■ CÓMO SE PREPARA

• Hervir las lentejas en abundante agua durante 20 a 30 minutos o hasta que estén tiernas. Escurrir y reservar.

• Poner los pimientos morrones y las berenjenas enteros en la parrilla del horno y tostarlos de todos lados.

• Retirar, ubicar dentro de una bolsa tipo freezer y dejar que se enfríen dentro de la bolsa.

• Desprender la piel de los pimientos morrones, sacar las semillas y cortar en gajos. Hacer lo mismo con las berenjenas.

• Hacer un aliño con el vinagre y la salsa tabasco. Batir. Agregar el aceite de oliva y la mejorana. Volver a batir hasta lograr una emulsión.

• Ubicar las lentejas en el centro de una fuente y rodearlas de manera decorativa con las tiras de berenjenas y pimientos morrones. Rociar con el aliño y dejar que repose un rato antes de servir.

CUÁNDO SE RECOMIENDA

• Para combatir la debilidad, la anemia, la hipertensión, el colesterol alto y el estreñimiento.

PORQUE

• Es un plato sin grasas saturadas, ni colesterol. Las lentejas aportan hierro, fibra soluble, que ayuda a bajar el colesterol, e insoluble que activa el intestino, y las hortalizas, vitamina C.

Budincitos de hortalizas y trigo con hierbas

ELABORADO

NO TAN RÁPIDO

MUY ECONÓMICO

CALORÍAS INTERMEDIAS

COMIDA PARA RECIBIR

■ QUÉ SE NECESITA

500 g de cuello de calabacita • 2 atados de brócoli • 8 échalotes* grandes •
4 cucharadas de queso rallado • 1 taza de trigo burgol** remojado
• 4 claras • 2 cucharaditas de tomillo • 3 cucharaditas de mostaza molida
• 2 cucharaditas de jengibre molido • 1 cucharada de semillas de eneldo
Salsa: 8 tomates perita • 3 cucharadas de aceite de oliva • 2 cucharaditas
de tomillo • pimienta a gusto

■ CÓMO SE PREPARA

• Pelar el cuello de la calabacita y cortarlo en cubitos. Cocinar al vapor durante 5 minutos o hasta que esté tierna.
• Hacerla puré. Mezclar con 2 claras.
• Cortarle los tallos al brócoli y separar en ramilletes. Cocinar al vapor durante aproximadamente 2 minutos, poniendo en el agua de vaporización las semillas de eneldo (además de aromatizar, tienen efectos antiflatulentos). Retirar y procesar con las restantes 2 claras.
• Picar los échalotes.
• Mezclar la mitad de los echalotes, del trigo burgol, del queso rallado y de los condimentos con el puré de calabacita.
• Mezclar la otra mitad con el brócoli.
• Enmantecar o enmargarinar moldes de timbal —aproximadamente 12— y cubrir la base con papel de aluminio también untado.
• Rellenar hasta la mitad con la mezcla de calabacita y la otra mitad con la mezcla de brócoli.
• Cocinar a baño de María en horno moderado durante 25 a 35 minutos aproximadamente (también se puede cocinar en microondas en moldes no metálicos variando el tiempo según la potencia del artefacto).
• Servir con un *coulis* de tomates al tomillo: pelar los tomates, sacarles las semillas y procesarlos junto con el aceite de oliva, el tomillo y la pimienta. Servir a temperatura ambiente o calentar.

* EL ÉCHALOTE ES UN BULBO DE SABOR INTERMEDIO ENTRE EL AJO Y LA CEBOLLA.
** EL TRIGO BURGOL ES DE USO COMÚN EN LA COCINA ÁRABE Y SE CONSIGUE EN CUALQUIER DIETÉTICA.

CUÁNDO SE RECOMIENDA	PORQUE
• Para corregir el desequilibrio nutricional, y combatir el colesterol alto, la hipertensión y el estreñimiento.	• Los ingredientes son bajos en sodio y grasas, de cero colesterol. Aportan una gran cuota de fibras, vitaminas y caroteno.

Ravioles
de color naranja

🏠 ELABORADO	🕐 NO TAN RÁPIDO	💲 MUY ECONÓMICO
🏠 CALORÍAS INTERMEDIAS	🍴 COMIDA PARA RECIBIR	

■ QUÉ SE NECESITA

Masa: *400 g de harina común o, mejor aún, integral superfina • 1 pimiento morrón rojo grande • agua en cantidad necesaria • 4 cucharadas de salvado de avena • 1 cucharada de aceite*
Relleno: *2 plantas de espinaca • 3 cebollas de verdeo • 400 g de ricota descremada • 1/2 cucharadita de nuez moscada • pimienta blanca recién molida, a gusto • 2 cucharadas de aceite*

■ CÓMO SE PREPARA

• Asar en la parrilla del horno el pimiento morrón, girándolo a menudo, hasta que toda su piel se arrugue. Retirar, poner dentro de una bolsa tipo freezer, cerrar y dejar enfriar.
• Recién entonces pelar, sacar las semillas y procesar hasta obtener una pasta.
• Sumar el salvado de avena, el aceite, la harina y un poco de agua.
• Procesar hasta obtener un bollo, agregando sólo el agua necesaria. Dejar descansar la masa envuelta en una tela, por lo menos 1/2 hora.
• Mientras tanto, lavar y limpiar las hojas de espinacas, sacando tallos y parte de las pencas. Cocinar al vapor 1 y 1/2 minuto. Retirar y procesar.
• Picar la cebolla de verdeo y rehogar en una sartén antiadherente con las 2 cucharadas de aceite.
• Mezclar la espinaca procesada con la cebolla de verdeo, la ricota, la nuez moscada y la pimienta.
• Sobre superficie enharinada estirar la mitad del bollo a 1 o 1 y 1/2 mm. de espesor, dándole forma de rectángulo. Ubicar porciones del relleno separándolas 3 cm entre sí.
• Estirar la otra mitad del bollo de igual modo que el anterior y cubrir la otra masa,
• Presionar las dos masas entre el relleno y cortar con la ruedita de corte de ravioles.
• Echar en abundante agua hirviendo y cocinar hasta que los bordes de la pasta estén traslúcidos.
• Servir con una salsa liviana de tomates.

CUÁNDO SE RECOMIENDA	PORQUE
• Para combatir la osteoporosis, la hipertensión, el estreñimiento y el colesterol alto.	• Todos los ingredientes son bajísimos en colesterol y grasas. Aportan fibras y vitaminas, y la ricota, el calcio.

$\mathcal{F}ideos$ a la $\mathcal{V}ongole$

 ELABORADO

 NO TAN RÁPIDO

 MENOS ECONÓMICO

CALORÍAS INTERMEDIAS

COMIDA DIARIA ESPECIAL

■ QUÉ SE NECESITA

500 g de fideos secos sin huevo • 1 kg de mejillones con valva • 1/4 de taza de aceite de oliva • 1 ramito de perejil fresco • 4 dientes de ajo • 1/2 taza de vino blanco • pimienta negra y perejil crespo, cantidad necesaria

■ CÓMO SE PREPARA

• Lavar los mejillones. Frotarlos entre sí para pulirlos y con un cuchillo afilado arrancarles las adherencias que tuvieran. Volver a lavar.

• Ponerlos en una cacerola con el vino blanco. Cocinar a fuego fuerte hasta que se abran.

• Desechar los que no se hayan abierto. Abrir uno por uno y separar el mejillón de la valva, salvo unos 8 o 10 que se dejarán para decorar.

• Filtrar el líquido que haya quedado en la cacerola por colador de tela. Reservar.

• Picar los dientes de ajo. Aparte, picar las hojas de perejil.

• Echar los fideos en abundante agua hirviendo y cocinar según las indicaciones de tiempo del envase.

• En una sartén calentar el aceite de oliva y dorar apenas el ajo. Sumar el líquido filtrado, el perejil y los mejillones. Calentar unos minutos, apagar el fuego y condimentar con la pimienta recién molida.

• Escurrir los fideos y ubicarlos en los platos. Cubrir con los mejillones y su salsa

• Decorar con los mejillones con valva reservados y el perejil crespo. Servir enseguida (en lo posible sin queso rallado).

→ **EL MEJILLÓN TIENE, CADA 100 G. 60 CALORÍAS, 1,3 G DE GRASA Y 130 MG DE COLESTEROL.**

CUÁNDO SE RECOMIENDA	PORQUE
• Para la etapa de mantenimiento de peso y para combatir la osteoporosis, el colesterol alto, la debilidad y la anemia.	• Es un plato de calorías intermedias, con bajo nivel de grasa y colesterol. Los mejillones aportan hierro, calcio y potasio.

Ensalada fresca de fideos y hortalizas

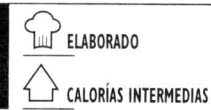 ELABORADO    NO TAN RÁPIDO    ECONÓMICO

CALORÍAS INTERMEDIAS   COMIDA DIARIA ESPECIAL

■ QUÉ SE NECESITA

250 g de fideos para ensalada (pasta corta) • 1 pimiento morrón rojo •
1 pimiento morrón verde • 250 g de chauchas • 2 zanahorias • 2 ramas de
apio • 3 tomates redondos rojos y firmes • 1 ramillete de hojas de albahaca
• 1 cucharada de orégano
Aliño: 4 cucharadas de ketchup • 4 cucharadas de mayonesa dietética
• 1/4 de taza de vinagre de manzana • 1/4 de taza de agua • 1/8 de taza de
aceite • pimienta blanca recién molida, a gusto

■ CÓMO SE PREPARA

• Echar en abundante agua hirviendo la cucharada de orégano y los
fideos, cocinándolos hasta que estén *al dente* (la mejor manera de saber
si están es probándolos). Colar y lavar bajo el chorro de agua fría hasta
que se enfríen. Reservar.
• Despuntar las chauchas, cortarlas en diagonal (para no tener que
sacarles el hilo) y cocinarlas al vapor de 1 y 1/2 a 2 minutos. Reservar.
• Asar los morrones en el *grill* o parrilla del horno, girándolos hasta que
estén ligeramente quemados de todos lados. Retirar y poner en una bolsa
tipo freezer y cerrar. Esperar a que se enfríen y recién entonces retirarles
la piel, partirlos al medio, sacarles las semillas y cortarlos en tiras.
• Rallar las zanahorias.
• Cortar el blanco de apio finamente.
• Mezclar los fideos con las chauchas, los pimientos morrones, el apio y
la zanahoria.
• Hacer el aliño disolviendo la sal (si se opta por ella) con el ketchup, el
vinagre y el agua. Sumar luego la pimienta blanca, el aceite y la mayonesa
batiendo hasta obtener una emulsión.
• Aderezar con este aliño la ensalada, mezclar bien y llevar a la heladera
varias horas.
• En el momento de servir cortar los tomates en rodajas y rodear con
ellos la ensalada, decorando con hojas de albahaca.

CUÁNDO SE RECOMIENDA	PORQUE
• Para corregir el desequilibrio nutricional, la hipertensión, el colesterol alto y el estreñimiento.	• Los ingredientes son muy bajos en grasas y de cero colesterol. Aporta importante cantidad de vitaminas y fibras.

Bucattini Basilico

(Ver foto)

 SUPERFÁCIL

 MUY RÁPIDO

 MUY ECONÓMICO

CALORÍAS INTERMEDIAS

COMIDA DIARIA ESPECIAL

■ QUÉ SE NECESITA

500 g de bucattini sin huevo • 1 planta chica de albahaca • 4 tomates perita grandes, rojos y firmes • 1 ramito de perejil fresco • 100 g de nueces peladas • 1 taza de salsa bechamel light (ver receta en este libro) • queso parmesano o reggianito a gusto

■ CÓMO SE PREPARA

• Poner a calentar mucha agua en una cacerola grande. Cuando rompa el hervor echar un puñado de sal gruesa (optativo) y los *bucattini*. Revolver hasta que queden sumergidos. Hervir entre 12 y 14 minutos.

• Mientras tanto, sumergir los tomates en agua hirviendo 1 minuto. Retirar, enfriar bajo el chorro de agua fría, y pelarlos. Sacarles las semillas y cortar en cuadraditos (*concassé*).

• Lavar bien la albahaca y el perejil. Escurrir, separar las hojas y picarlas no muy fino.

• Picar "groseramente" las nueces.

• Colar los fideos. Reincorporarlos a la cacerola y agregar los tomates, el perejil con la albahaca y las nueces. Mezclar.

• Agregar la salsa bechamel *light* caliente y un poco de queso rallado. Volver a mezclar.

• Distribuir rápidamente en platos, espolvorear con un poquito más de queso rallado y servir enseguida.

CUÁNDO SE RECOMIENDA	PORQUE
• Para la etapa de mantenimiento de peso y para combatir la osteoporosis, el colesterol alto y la hipertensión.	• Es un plato de cero colesterol, bajo en sodio y grasas, con todo el aporte nutritivo de las nueces y la cuota de calcio que aporta la salsa bechamel *light* y el queso. A su vez, el tomate aporta fibra y vitamina C.

Cintas con salsa del pirata

 FÁCIL   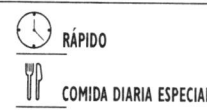 RÁPIDO    MUY ECONÓMICO

ALTAS CALORÍAS   COMIDA DIARIA ESPECIAL

■ QUÉ SE NECESITA

500 g de cintas sin huevo • 1 kg de tomates perita rojos pero firmes • tentáculos de 4 o 5 calamares • 3 dientes de ajo • 1/4 de taza de aceite de oliva • 1 cebolla • 2 cucharaditas de extracto de tomate • 1/2 taza de vino blanco • 1 hoja de laurel • 1 ramita de romero fresco • pimentón picante, a gusto

■ CÓMO SE PREPARA

• Calentar abundante agua en una cacerola y cuando rompa el hervor echar las cintas, cocinar de acuerdo con las indicaciones del paquete o hasta que, al probarla, la pasta esté al dente.

• Aplastar el ajo, pelarlo y picarlo.

• Pelar la cebolla y picarla.

• Hacer un corte en cruz en la base de los tomates, sumergir 1 minuto en agua hirviendo, escurrir y remojar en agua fría. Pelar. Retirar las semillas y picar el tomate.

• Calentar el aceite y dorar ligeramente la cebolla y el ajo.

• Agregar los tentáculos de calamar y saltear un par de minutos. Sumar el vino y dejar evaporar.

• Agregar el tomate bien picado, la hoja de laurel, la ramita de romero, y el extracto de tomate.

• Cocinar destapado, a fuego suave, hasta que la salsa espese. Condimentar con el pimentón picante.

• Colar las cintas y mezclar con un poco de salsa. Rociar con el resto de la salsa y servir.

CUÁNDO SE RECOMIENDA	PORQUE
• Para la etapa de mantenimiento de peso y para combatir el colesterol alto y la hipertensión.	• Es un plato sabroso que produce mucha saciedad. Es de muy bajo nivel de colesterol y sodio.

Ñoquis de ricota sin yema

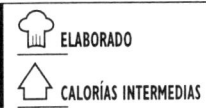 ELABORADO

 NO TAN RÁPIDO

 MUY ECONÓMICO

CALORÍAS INTERMEDIAS

COMIDA DIARIA ESPECIAL

■ QUÉ SE NECESITA

500 g de ricota descremada • 1 y 1/2 taza de harina común o, mejor aún, harina integral superfina • 1 clara • 4 cucharadas de salvado de avena • 1/4 de cucharadita de nuez moscada rallada • 1 cucharada de perejil fresco muy picado

■ CÓMO SE PREPARA

• Escurrir bien el suero de la ricota. Ponerla en un bol y condimentarla con la nuez moscada y el perejil.

• Mezclar con el salvado de avena.

• Sumar la harina de a poco, amasar hasta obtener un bollo tierno (no debe quedar ni seco ni duro). Separar la masa en porciones.

• Hacer rodar sobre superficie enharinada hasta obtener una tira cilíndrica de masa. Cortar en trocitos de 1 cm de ancho.

• Echar en abundante agua hirviendo los ñoquis. Esperar a que suban a la superficie y cocinar 1minuto más.

• Retirar con espumadera, escurriendo bien.

• Servir con salsa de tomates u otra a su elección.

CUÁNDO SE RECOMIENDA
• Para disfrutar de un plato de pastas sin culpa y para combatir la osteoporosis, el colesterol alto y la hipertensión.

PORQUE
• Es un plato bajo en colesterol y sodio, con buena cantidad de calcio aportado por la ricota.

Pasta de California

 ELABORADO

 NO TAN RÁPIDO

 ECONÓMICO

CALORÍAS INTERMEDIAS

COMIDA PARA RECIBIR

■ QUÉ SE NECESITA

500 g de fideos cortos (coditos, moñitos) sin huevo • 250 g de chauchas rollizas • 1 cebolla • 2 dientes de ajo • 250 g de champiñones • 5 tomates perita • 50 g de semillas de sésamo tostado • 1/2 taza de vino blanco • 1 taza de leche descremada • 1 cucharada de fécula de maíz • 3 cucharadas de aceite • 1 pequeño atado de albahaca • pimienta blanca recién molida, a gusto

■ CÓMO SE PREPARA

• Hervir los fideos en abundante agua, el tiempo que indique el envase.
• Mientras tanto, picar la cebolla y el ajo. Rehogarlos en el aceite en una sartén antiadherente.
• Cortar las chauchas en juliana (desechando las puntas) y filetear los champiñones.
• Agregar a la sartén junto con el vino y cocinar unos minutos a fuego suave para evaporar el alcohol.
• Aparte tostar los tomates en la parrilla del horno, girándolos. Retirar, dejar enfriar dentro de una bolsa tipo freezer y luego pelar, sacar las semillas y picar.
• Incorporar a la sartén junto con la fécula diluida en la leche. Revolver la preparación hasta que rompa el hervor y espese.
• Retirar del fuego y mezclar con los fideos cocidos y escurridos.
• Servir espolvoreado con el sésamo tostado.

CUÁNDO SE RECOMIENDA	PORQUE
• Para corregir el desequilibrio nutritivo y para combatir la hiper tensión, el colesterol alto, el estreñimiento y la osteoporosis.	• Es un plato de muy bajo sodio y cero colesterol, con todas las vitaminas, fibras y nutrientes de las hortalizas y el calcio que aportan la leche y el sésamo.

Panqueques verdes

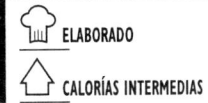 ELABORADO

 NO TAN RÁPIDO

 MUY ECONÓMICO

CALORÍAS INTERMEDIAS

COMIDA PARA RECIBIR

■ QUÉ SE NECESITA

Pasta: 150 grs de harina común • 4 claras • 1 y 1/2 taza de leche descremada • 4 cucharadas de aceite de oliva • 4 cucharadas de salvado de avena • 2 atados de espinaca o 1 lata de pasta de espinaca • 2 cucharaditas de fines herbes • 1 cucharadita de jengibre

Relleno: 400 g de ricota descremada • perejil • ciboulette • nuez moscada • pimienta mignonnette (negra y blanca en partes iguales)

■ CÓMO SE PREPARA

• Lavar las espinacas bien, sacarle los tallitos y cocinarlas al vapor 1 a 1 y 1/2 minuto.

• Dejar entibiar y escurrir retorciendo con repasador. Adicionar luego los condimentos. Procesar hasta obtener una pasta.

• Procesar la pasta de espinaca junto con las claras, la harina, la leche, el salvado de avena y la sal. Si es posible, dejar descansar por lo menos media hora.

• Aceitar apenas y calentar una sartén tipo teflón. Echar una parte de la pasta, emparejar y cocinar a fuego suave hasta que cuaje. Retirar (no se cocinan de los dos lados) y poner sobre papel de aluminio armando la torre de panqueques. Repetir hasta terminar la pasta (aproximadamente salen 8).

• Picar el perejil o *ciboulette* y mezclar con el resto de los ingredientes del relleno.

• Armar los panqueques.

• Poner los panqueques rellenos en fuente para horno antiadherente, espolvorear con queso rallado y cubrir con un hilo de aceite de oliva.

• Calentar en horno moderado hasta que se gratinen.

• Servir con un *coulis* de tomates con albahaca fresca.

CUÁNDO SE RECOMIENDA	PORQUE
• Bajar de peso y combatir la hipertensión, el colesterol alto, la osteoporosis y el estreñimiento.	• Es un plato bajo en calorías, grasas y colesterol. Aporta calcio, fibra insoluble, hierro y vitaminas.

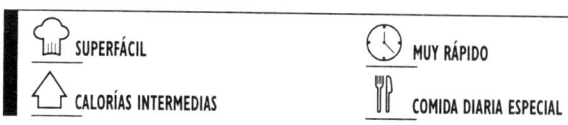

Spaghetti con zucchini

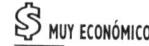

SUPERFÁCIL MUY RÁPIDO MUY ECONÓMICO

CALORÍAS INTERMEDIAS COMIDA DIARIA ESPECIAL

■ QUÉ SE NECESITA

500 g de spaghetti *sin huevo* • *4* zucchini *largos y finos* • *3 cebollas de verdeo* • *150 g de queso blanco dietético* • *75 g de queso fontina* • *1/4 de taza de aceite de oliva* • *pimienta blanca y nuez moscada a gusto*

■ CÓMO SE PREPARA

• Calentar abundante agua en una cacerola grande.

• Cuando rompa el hervor echar un puñado de sal gruesa (optativa) y los *spaghetti*. Acomodarlos para que queden sumergidos y hervir según el tiempo indicado en el envase.

• Mientras tanto, picar la cebolla de verdeo con parte de sus hojas. Ponerlas en una sartén con el aceite de oliva y rehogar.

• Cortar los *zucchini* en finas rodajas y agregar a la sartén, cocinar hasta que estén tiernos.

• Incorporar el queso blanco dietético, la nuez moscada y la pimienta. Calentar sin dejar que hierva.

• Rallar el queso fontina y agregarlo a la sartén. Retirar del fuego y mezclar hasta que el queso se funda.

• Cuando los *spaghetti* estén *al dente*, colarlos y mezclarlos con la preparación anterior.

• Servir bien calientes.

CUÁNDO SE RECOMIENDA	PORQUE
• Para mantener el peso y para combatir la osteoporosis, el colesterol alto y la hipertensión.	• Es un plato de calorías intermedias, muy bajo en sodio y grasas, sin colesterol y con alta proporción de calcio.

Spaghetti con almejas y hongos

■ QUÉ SE NECESITA

500 g de spaghetti *secos sin huevo* • *250 g de almejas peladas* • *250 g de champiñones frescos* • *100 g de gírgolas** • *2 cucharadas de hongos de coco remojados y escurridos* • *6 dientes de ajo* • *1/2 taza de vino blanco* • *6 cucharadas de aceite de oliva* • *1 ramillete de* ciboulette *fresca* • *1 cucharadita de chile en polvo* • *2 cucharaditas de pimentón dulce* • *1 hoja de laurel*

■ CÓMO SE PREPARA

• Cortar los hongos remojados en trocitos, los champiñones al medio y las gírgolas en tiritas.

• Picar la *ciboullete* con el cuchillo o cortarla con tijera. Pelar y picar los dientes de ajo.

• Echar los *spaghetti* en abundante agua hirviendo con la hoja de laurel y cocinar según las indicaciones del envase.

• Mientras, calentar la mitad del aceite de oliva en una sartén antiadherente y a fuego moderado cocinar el ajo. Cuando empiece a tomar un ligero tono dorado sumar los champiñones y las gírgolas y saltearlos.

• Luego incorporar los hongos de coco y el vino. Reducir.

• Incorporar entonces las almejas, el chile y el pimentón, y cocinar 2 o 3 minutos.

• Colar los *spaghetti* y mezclar con la preparación anterior más làs 3 cucharadas restantes de aceite de oliva.

• Servir inmediatamente espolvoreado con la *ciboulette*.

* **LAS GÍRGOLAS SON UN TIPO DE HONGOS QUE EN LOS ÚLTIMOS TIEMPOS SE HAN EMPEZADO A CULTIVAR EN EL PAÍS.**

CUÁNDO SE RECOMIENDA	PORQUE
• Para la etapa de mantenimiento de peso y para combatir el colesterol alto.	• Es un plato de calorías intermedias, sin grasas nocivas y con bajo colesterol. Aporta minerales, carbohidratos y ácidos grasos que ayudan a bajar el colesterol.

Fideos con salsa de legumbres

 **FÁCIL**

 **RÁPIDO**

 **MUY ECONÓMICO**

△ **CALORÍAS INTERMEDIAS**

🍴 **COMIDA DIARIA**

■ QUÉ SE NECESITA

500 g de fideos de sémola sin huevo • 75 g de porotos aduki remojados 12 horas • 2 cucharaditas de semillas de coriandro molido • 8 tomates perita maduros pero firmes • 2 cebollas de verdeo • 2 dientes de ajo • 2 cucharaditas de tomillo seco • 1 cucharadita de pimentón • 1 cucharada de extracto doble de tomate • 4 cucharadas de aceite de oliva

■ CÓMO SE PREPARA

• Escurrir los porotos y ponerlos junto con el coriandro en una cacerola. Cubrirlos con abundante agua. Hervir durante aproximadamente 1 hora o hasta que estén tiernos.

• Mientras tanto, hacerle un corte en cruz en la base a los tomates, sumergirlos 1 minuto en agua hirviendo, refrescarlos con agua fría y pelarlos. Retirar las semillas y picar.

• Picar la cebolla de verdeo y el ajo.

• Calentar abundante agua y cuando rompa el hervor echar los fideos. Cocinarlos el tiempo que indique el envase.

• Calentar el aceite de oliva en una sartén antiadherente y rehogar a fuego suave la cebolla de verdeo y el ajo. Luego incorporar los tomates picados, el extracto de tomate y el tomillo. Cocinar a fuego suave 10 minutos.

• Incorporar entonces el pimentón y los porotos escurridos, cocinar 5 minutos más para que se integren a la salsa.

• Colar los fideos y mezclar bien con la salsa. Servir, si se desea, con poco queso rallado.

CUÁNDO SE RECOMIENDA	PORQUE
• Para aumentar de peso y para combatir el decaimiento o falta de energía, la hipertensión, el colesterol alto y el estreñimiento.	• La alta proporción de carbohidratos aporta calorías y energía. Es un plato sin colesterol y con fibra que aportan los porotos. El nivel de sodio es muy bajo.

Todo sobre los hidratos de carbono

Los hidratos de carbono, junto con las proteínas y las grasas, son los principales compuestos orgánicos que dan energía a nuestro organismo y forman estructuras.

Los hidratos son una de las dos principales fuentes de energía con que cuenta nuestro cuerpo; por eso saber valorarlos y regular su consumo es fundamental en nuestra alimentación.

Lejos están los carbohidratos de representar el papel de "malo de la película" que las clásicas dietas de revista les han endilgado. Por el contrario, hace más de 10.000 años que constituyen la principal fuente nutricional de energía en los humanos.

A tal punto se ha revalorizado el papel de los hidratos de carbono en la dieta que la flamante pirámide alimentaria los ubica en la base, indicando de ese modo que por lo menos el 50 % de nuestra alimentación tiene que estar cubierta por ellos.

Esto no quiere decir que la mitad de nuestras comidas deban ser pan, pastas o arroz. Los hidratos de carbono también se hallan presentes en hortalizas, frutas y legumbres, y es en éstos en los que debe hacerse hincapié.

Existen dos clases de hidratos de carbono: los **simples**, formados por una o dos moléculas, que se absorben rápidamente, y los **complejos**, formados por un conjunto de hidratos simples, que nuestro organismo absorbe más lentamente pues tiene que separarlos.

Los simples están representados por el azúcar, los dulces, las frutas, y los complejos por hortalizas, verduras, legumbres y cereales. Actualmente se recomienda, como ya dijimos, que el 50% de las calorías que consumimos sean hidratos de carbono, ya que de ese modo se consumen menos proteínas y grasas, que en exceso son las responsables de muchas alteraciones cardíacas, arteriosclerosis, diabetes y otras enfermedades. De esa cantidad de hidratos que se recomienda consumir, lo ideal sería que un 20% fueran carbohidratos simples, y un 80% complejos.

Un dato más: una dieta equilibrada no sólo debe incluir entre un 50 y un 60 % de carbohidratos, sino que también debe constar de un 10 a un 15 % de proteínas y un 30 % de grasas. Sin duda, una información valiosa a la hora de armar nuestro menú.

CAPÍTULO 6

A pedir de boca: salsas y aderezos sanísimos

Trucos y técnicas para preparar deliciosas salsas sanas

¿Quién no ha dicho alguna vez que una buena salsa puede "salvar" a un plato regular? Algo de verdad hay en este pensamiento, ya que las salsas ayudan a disfrazar más de un alimento que a veces, por sí mismo, no es atractivo.

Claro que cuando hablamos de salsa, de inmediato nos vienen a la mente la crema, la manteca, la panceta, y hasta el infaltable quesito rallado por encima. Y obviamente, todo lo sano de un plato de pastas, hortalizas o pescado se pierde cuando se usan esos ingredientes.

Pero este libro apunta justamente a demostrar que en la cocina, con un poco de ganas y de tiempo... no hay imposibles. Por eso la idea de este capítulo es brindarles una gran variedad de salsas sanas y ricas, que ayuden a enriquecer el sabor y el atractivo de los más diversos alimentos.

Hay algunas claves para hacer salsas más sanas que recomiendo tener en cuenta:

1 - Que el ingrediente básico sea una hortaliza o verdura.

2 - Reemplazar la crema por yogur o queso blanco aligerado con leche.

3 - Espesar las salsas con fécula de maíz o puré de legumbres (garbanzos, porotos, arvejas).

4 - Hervir las hortalizas en poca agua, procesarlas con dicho líquido y mezclarlas con queso blanco.

5 - Utilizar jugos de fruta para hidratar las carnes durante la cocción y recuperar dichos jugos para salsearlas.

6 - Hacer un caldo casero de verduras (receta en este libro) y utilizarlo como fondo de cocción de todo tipo de salsas.

7 - Preparar salsas agridulces, utilizando miel y jugos de fruta.

8 - Utilizar hongos (dan buen sabor y son bajos en calorías).

9 - Condimentar con toda clase de hierbas y especias, fundamentales para una buena salsa.

Existen distintas técnicas para lograr una buena integración de los ingredientes de una salsa. La técnica de **emulsión** consiste en homogeneizar ingredientes grasos con ingredientes ácidos o no grasos. El ejemplo más cotidiano es la combinación de aceite y vinagre de las ensaladas. Es importante tener en cuenta que lo que parece una pavada no lo es tanto, ya que aquel que desee hacer una buena ensalada debe disolver en el ingrediente no graso (vinagre) la sal y recién después incorporar el elemento graso (aceite) batiendo hasta que la preparación tome una consistencia lechosa y a simple vista no se diferencien los ingredientes (que el vinagre y el aceite no se separen). Un aliño bien hecho muchas veces constituye la diferencia entre una ensalada simple y una riquísima. La misma técnica es válida para integrar yogur y aceite, queso blanco y aceite, vinagre y mayonesa, vino y queso blanco, etc.

La técnica de **reducción** se utiliza generalmente en casos donde se cocina con alcohol, como vinos o licores, en cuyo caso se busca evaporar el alcohol que tiene la bebida para bajar la graduación alcohólica y evitar el típico sabor ácido que, de lo contrario, ésta da a la comida. También se pueden reducir caldos, jugos de frutas, líquidos de cocción y jugos de verduras. Sólo hay que recordar que se debe hacer en una cacerola destapada, a fuego suave, y que en general el criterio consiste en evaporar la mitad del líquido, de tal modo que de un litro de caldo quede medio. De este modo se concentran los sabores y se logra una mayor consistencia natural, sin necesidad de agregar otro elemento espesante.

Por último nos encontramos con la técnica de **espesado**, que consiste en espesar la salsa agregando féculas o harinas. Tradicionalmente la salsa bechamel se espesa haciendo un *roux** de harina y manteca, e incluso otro tipo de recetas lo logran únicamente con el agregado de grandes cantidades de manteca. Mi consejo es hacerlo con harina y aceite. Aunque, mejor aún, sería espesar con fécula de maíz. En este último caso hay que recordar siempre que la fécula debe ser disuelta previamente con un líquido frío y recién entonces se agregará a la preparación que se desee espesar.

Otra técnica de espesado consiste en hacer una *"beurre manié"* o manteca ligada, pero con aceite. Se mezclan iguales cantidades de aceite y harina en un bol, hasta obtener una pasta, y se agrega de a cucharaditas a la salsa, batiendo bien sobre el fuego, hasta que adquiera la consistencia deseada.

Ahora que tenemos más claro cómo lograr salsas ricas y sanas, dé vuelta la hoja... ¡y hágalas!

---

* **EL *ROUX* ES LA MEZCLA DE MANTECA Y HARINA QUE SE COCINA SOBRE EL FUEGO ANTES DE AGREGAR LOS LÍQUIDOS (LECHE, CALDO O VINO) Y QUE LE DA EL CUERPO A LA SALSA. MUY TRADICIONAL DE LA SALSA BECHAMEL Y LA SALSA BLANCA.**

Salsa de zanahorias

 SUPERFÁCIL

 MUY RÁPIDO

 MUY ECONÓMICO

BAJAS CALORÍAS

COMIDA DIARIA

■ QUÉ SE NECESITA

2 zanahorias • 2 ramas de apio • 1/2 cebolla • 2 dientes de ajo • 2 cucharadas de perejil fresco picado • 1 pocillo de aceite de maíz • 150 g de queso blanco dietético • 1 y 1/2 cucharadita de jengibre molido

■ CÓMO SE PREPARA

- Cortar la zanahoria en rodajas finas y el apio en trocitos.
- Picar la cebolla y el ajo.
- Hervir en 1 y 1/2 taza de agua la zanahoria y el apio a fuego suave durante 10 minutos. Retirar, entibiar y escurrir.
- Procesar la zanahoria y el apio con 1/2 taza del jugo de cocción, la cebolla y el ajo. Agregar el jengibre, el perejil, el aceite y el queso blanco.
- Volver a procesar, de ser necesario, aligerar con más jugo de cocción o agua.
- Servir tibia o fría con todo tipo de carnes blancas y hortalizas.

CUÁNDO SE RECOMIENDA
- Para bajar de peso y para combatir la hipertensión, el colesterol alto y el estreñimiento.

PORQUE
- Salvo el aceite, todos los ingredientes son muy bajos en calorías y sodio. No aportan colesterol y proveen fibras solubles e insolubles y betacaroteno.

Salsa bechamel light

■ QUÉ SE NECESITA

2 tazas de leche descremada • 1 y 1/2 cucharada de fécula de maíz • 4 cucharadas de aceite de maíz • nuez moscada y pimienta blanca a gusto

■ CÓMO SE PREPARA

• Diluir la fécula con la leche, agregando esta última de a poco para que no se produzcan grumos. Calentar sobre el fuego revolviendo en forma continua hasta que rompa el hervor. Cocinar 1 minuto más.

• Retirar del fuego y adicionar el aceite. Volver a mezclar.

• Condimentar con la nuez moscada y la pimienta.

CUÁNDO SE RECOMIENDA

• Para combatir la osteoporosis, el colesterol alto, la hipertensión y el exceso de peso.

PORQUE

• Los ingredientes son bajos en sodio, colesterol y calorías. La leche aporta calcio.

Salsa de tomate

 SUPERFÁCIL

 BAJAS CALORÍAS

 MUY RÁPIDO

 COMIDA DIARIA

 MUY ECONÓMICO

■ QUÉ SE NECESITA

1 kilo de tomates maduros • 1 zanahoria • 1 cebolla grande • 2 ramas de apio • 3 dientes de ajo • un atado chico de hojas de albahaca • un puñado de hojas de perejil • 5 cucharadas de aceite de oliva • 1 cucharada sopera de pimentón • 1/2 cucharadita de bicarbonato

■ CÓMO SE PREPARA

• Cortar en cuartos el tomate.
• Cortar la zanahoria, el apio y la cebolla.
• Picar el ajo, el perejil y la albahaca.
• Poner en la cacerola el tomate, la zanahoria, el apio y la cebolla. Cocinar a fuego suave, tapado, hasta que el tomate empiece a soltar su jugo. Agregarle entonces el ajo, el perejil y la albahaca. Cocinar unos 10 minutos más.
• Retirar del fuego y procesar, o mejor aún, tamizar la salsa.
• Volver al fuego después de sumarle el pimentón, el aceite y rectificar la sal. Reducir al punto deseado.
• Servir con pastas, arroz, pescados, aves o guardar en frascos de vidrio en la heladera o freezer.

CUÁNDO SE RECOMIENDA	PORQUE
• Para bajar de peso, corregir el desequilibrio nutritivo y para combatir el colesterol alto, la hipertensión y el estreñimiento.	• Los ingredientes son bajos en calorías y sodio. Aportan fibras y vitaminas, sin colesterol.

Dip de Arabia

 SUPERFÁCIL  MUY RÁPIDO  ECONÓMICO

ALTAS CALORÍAS COMIDA PARA RECIBIR

■ QUÉ SE NECESITA

1/2 taza de pasta de sésamo (tahine) • 2 tazas de garbanzos cocidos • 1/4 taza de jugo de limón • 1/2 taza de agua • 2 dientes de ajo • perejil, chile, aceite de oliva y aceitunas negras en cantidad necesaria

■ CÓMO SE PREPARA

• Procesar los garbanzos hasta obtener una crema espesa.
• Picar el perejil. Reservar.
• Picar finamente el ajo y mezclar con la pasta de sésamo (tahine)
• Agregar el jugo de limón y batir. Aligerar con el agua.
• Incorporar la crema de garbanzos, mezclar bien y ajustar la sazón y la consistencia (si es necesario, se aligera con más agua).
• Ubicar en un bol decorativo para llevar a la mesa. Rociar con aceite de oliva.
• Espolvorear con el perejil picado y el chile. Decorar con aceitunas negras.

CUÁNDO SE RECOMIENDA	PORQUE
• Para combatir la debilidad y falta de energía, el colesterol alto, la osteoporosis y el estreñimiento.	• El sésamo provee vitaminas, calcio, grasa monoinsaturada y fibra. Los garbanzos aportan fibras soluble e insoluble, que ayudan a bajar el colesterol y a regularizar el intestino.

Mayonesa sin colesterol

 SUPERFÁCIL

 MUY RÁPIDO

 MUY ECONÓMICO

ALTAS CALORÍAS

COMIDA DIARIA

■ QUÉ SE NECESITA

5 claras • 1 y 1/2 cucharada de mostaza en pasta tipo americana •
1 cucharadita de cúrcuma • 1/2 taza de aceite de maíz • 2 cucharadas de
jugo de limón • 1/2 cucharadita de jengibre molido

■ CÓMO SE PREPARA

• Batir las claras a medio punto —sin llegar a punto nieve— y agregar
la mostaza y la cúrcuma. Volver a batir hasta que la preparación tome
un color parejo.
• Incorporar de a poco el aceite mientras se sigue batiendo. Agregar el
jugo de limón y el jengibre.
• Batir una vez más y probar la sazón.
• Poner en la heladera y utilizar en el día.

CUÁNDO SE RECOMIENDA	PORQUE
• Para combatir el colesterol alto y la hipertensión.	• Sustituye muy bien a la mayonesa tradicional con muy bajo aporte de sodio y nada de colesterol.

Salsa de berros

 SUPERFÁCIL    MUY RÁPIDO    MUY ECONÓMICO

⌂ BAJAS CALORÍAS   🍴 COMIDA PARA RECIBIR

■ QUÉ SE NECESITA

2 atados de berros • 100 g de queso blanco dietético • 100 g de mayonesa dietética • 100 g de yogur sabor natural • 1 cucharadita de salsa tabasco • 1/2 cucharadita de salsa worcester

■ CÓMO SE PREPARA

• Sacar los tronquitos a los berros y lavar muy bien con agua, hasta retirar toda la tierra que puedan tener.

• Blanquear cocinando al vapor las hojitas de berro 1 minuto y sumergiéndolas inmediatamente en agua fría por lo menos durante 3 minutos. Escurrir bien.

• Poner el berro en la procesadora junto con todos los demás ingredientes.

• Procesar hasta obtener una crema de berros (de ser necesario, aligerar con unas cucharadas de agua). Retirar y guardar en la heladera.

• Ideal para ensaladas de ingredientes crudos, para pescados y aves.

→ **EL BERRO TIENE 18 CALORÍAS CADA 100 G Y APORTA VITAMINAS A Y C.**

CUÁNDO SE RECOMIENDA	PORQUE
• Para bajar de peso y para combatir la osteoporosis, el colesterol alto y la hipertensión.	• Los ingredientes son bajos en calorías, sodio y colesterol. Aportan calcio y vitaminas.

Salsa de camarones

 SUPERFÁCIL

 MUY RÁPIDO

 MENOS ECONÓMICO

△ CALORÍAS INTERMEDIAS

🍴 COMIDA PARA RECIBIR

■ QUÉ SE NECESITA

250 g de camarones pelados • 1/4 de taza de vino blanco • 2 cebollas de verdeo • 1 y 1/2 taza de leche descremada • 2 cucharadas de harina • 3 cucharadas de aceite de oliva • pimienta blanca recién molida, a gusto

■ CÓMO SE PREPARA

• Picar la cebolla de verdeo (sin hojas) y poner en una sartén junto con 1 cucharada de aceite. Tapar y cocinar a fuego suave revolviendo.

• Agregar el vino y destapar, dejar evaporar el alcohol.

• Recién entonces incorporar la leche y los camarones.

• Aparte, mezclar la harina con las otras dos cucharadas de aceite de oliva.

• De a cucharaditas insertar esta mezcla en la sartén, mezclando enérgicamente sobre fuego suave hasta que la salsa hierva.

• Retirar del fuego y utilizar para pastas simples, arroz, aves y pescados.

CUÁNDO SE RECOMIENDA	PORQUE
• Para combatir la osteoporosis y el colesterol alto.	• Aporta buena proporción de calcio con muy bajo colesterol.

Ketchup bajas calorías

■ QUÉ SE NECESITA

2 kg de tomates perita maduros • 4 cebollas • 4 dientes de ajo • 1 y 1/2 taza de vinagre de alcohol • 4 cucharadas de aceite de maíz • 4 cucharadas de azúcar negra • 2 cucharaditas de pimienta de Jamaica molida • 2 hojas de laurel • 3 cucharaditas de canela • 2 cucharaditas de pimienta negra molida • 1/2 taza de edulcorante granulado

■ CÓMO SE PREPARA

• Trozar los tomates.
• Picar el ajo y la cebolla.
• Disolver el azúcar negra con el vinagre. Adicionar todos los condimentos, menos la pimienta.
• Agregar la cebolla y el ajo picados y los tomates trozados. Cocinar tapado a fuego suave 20 minutos.
• Pasar todo por procesadora o tamiz. Volver a la cacerola y agregarle el aceite.
• Cocinar destapado revolviendo cada tanto hasta que la preparación espese.
• Adicionar fuera del fuego la pimienta y el edulcorante, probando el gusto para agregar más si fuera necesario.
• Envasar en frascos de vidrio herméticos y guardar en la heladera.

CUÁNDO SE RECOMIENDA
• Para bajar de peso y combatir el colesterol alto y la hipertensión.

PORQUE
• Sustituye muy bien al ketchup tradicional con un aporte mucho menor de calorías y sodio y nada de colesterol.

Salsa Tony con champiñones

 SUPERFÁCIL    MUY RÁPIDO    ECONÓMICO

△ CALORÍAS INTERMEDIAS   ❚❚ COMIDA PARA RECIBIR

■ QUÉ SE NECESITA

1 lata de tomates perita • 100 g de mozzarella • unas ramitas de albahaca
• 100 g de champiñones • 2 cucharadas de aceite de oliva • 4 dientes de ajo
• unas ramitas de perejil

■ CÓMO SE PREPARA

• Picar los tomates.
• Filetear los champiñones.
• Rallar la mozzarella.
• Pelar los dientes de ajo y picarlos.
• Separar las hojitas del perejil y picarlas.
• Calentar las 2 cucharadas de aceite de oliva y rehogar a fuego suave el ajo y el perejil. Incorporar los champiñones y saltearlos. Sumar el tomate y cocinar 10 minutos.
• Agregar la mozzarella rallada, revolviendo hasta que ésta haga hilos.
• Retirar y sumar las hojas de albahaca cortada en tiritas. Servir con pastas, arroz o aves.

CUÁNDO SE RECOMIENDA	PORQUE
• Para la etapa de mantenimiento de peso y para combatir el colesterol alto y la hipertensión.	• Es de muy bajo colesterol y sodio; aporta calcio.

Mayonesa de hortalizas

 ELABORADO    NO TAN RÁPIDO    MUY ECONÓMICO

ALTAS CALORÍAS   COMIDA DIARIA ESPECIAL

■ QUÉ SE NECESITA

2 zanahorias • 2 remolachas • 1 planta de espinaca • 3 papas • 1 y 1/2 taza de aceite de maíz • 3/4 de taza de leche • 6 cucharadas de vinagre de manzana • 6 cucharaditas de mostaza en pasta • 3 cucharaditas de jengibre molido

■ CÓMO SE PREPARA

• Lavar con cepillo las zanahorias, cortarlas en rodajas de 1/2 cm y cocinarlas al vapor durante 5 minutos. Reservar.

• Lavar hoja por hoja la espinaca, sacarle los cabitos y cocinar al vapor 1 y 1/2 minuto. Reservar.

• Lavar las remolachas con piel, hervirlas 20 minutos o ubicarlas en una bolsa para microondas, con un poco de agua, cerrar y pinchar para que salga el vapor. Cocinar en horno microondas en potencia máxima durante 8 minutos. Retirar, entibiar y frotarlas bajo el chorro de agua fría para pelarlas. Reservar.

• Pelar las papas, cortarlas y hervirlas cubiertas con agua durante 10 minutos. Escurrir. Reservar.

• Poner en la procesadora o licuadora la tercera parte de las papas, aceite, leche, vinagre, mostaza y jengibre. Agregar las zanahorias y procesar hasta obtener un puré algo espeso (de ser necesario, aligerar con más leche). Poner la mayonesa de zanahorias en un bol y guardar en la heladera.

• Reiterar el procedimiento para hacer la mayonesa de remolacha y la mayonesa de espinaca.

• Guardar en la heladera no más de 2 días.

• Utilizar para salsear todo tipo de comidas frías y para aderezar ensaladas.

CUÁNDO SE RECOMIENDA	PORQUE
• Para corregir el desequilibrio nutricional y combatir el estreñimiento y el colesterol alto.	• No tiene colesterol. Las hortalizas aportan fibras solubles e insolubles, vitaminas y minerales.

Salsa de palta

■ QUÉ SE NECESITA

1 palta mediana • 1 cucharada de jugo de limón • 1/2 cebolla • 100 g de queso blanco dietético • 1 cucharadita de jengibre

■ CÓMO SE PREPARA

• Procesar todo, adicionando un poquito de agua si se la desea más líquida.

• Ideal para ensaladas, hortalizas y carnes frías.

→ **LA PALTA TIENE 180 CALORÍAS CADA 100 G.**

CUÁNDO SE RECOMIENDA	PORQUE
• Para aumentar de peso, mejorar la piel y combatir la debilidad, la hipertensión y el colesterol alto.	• La palta, de cero colesterol, es muy energética, y aporta grasas monoinsaturadas que ayudan a bajarlo.

Salsa chutney de zapallitos

 FÁCIL

 NO TAN RÁPIDO

 ECONÓMICO

CALORÍAS INTERMEDIAS

COMIDA PARA RECIBIR

■ QUÉ SE NECESITA

4 manzanas verdes • 4 zapallitos redondos • 100 g de pasas de uva rubias sin semillas • 1 cebolla • 4 dientes de ajo • 1y 1/2 taza de vinagre de manzana • 1/2 taza de agua • 1 taza de miel • 2 cucharaditas de semillas de mostaza molida • 2 cucharaditas de pimienta de Jamaica molida • 2 cucharaditas de jengibre molido • 1 cucharadita de comino molido • 2 cucharaditas de pimienta negra recién molida

■ CÓMO SE PREPARA

• Picar finamente la cebolla y el ajo.
• Pelar las manzanas, sacarles los centros y cortarlas en cubitos.
• Rallar los zapallitos.
• Poner todos los ingredientes, menos la pimienta, en una cacerola y cocinar a fuego suave por espacio de 45 minutos aproximadamente.
• Retirar, pimentar y procesar la mitad.
• Mezclar todo y guardar en frascos de vidrio herméticos, en la heladera.
• Una salsa ideal para todo tipo de hortalizas y carnes, que se puede consumir tanto fría como caliente.

CUÁNDO SE RECOMIENDA	PORQUE
• Para combatir el estreñimiento, el colesterol alto y la hipertensión.	• Es una salsa con bajo sodio y nada de colesterol. Las manzanas, los zapallitos y las pasas de uva tienen una gran proporción de fibras y vitaminas.

Salsa de aceitunas

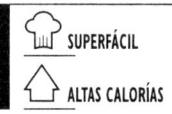 
■ QUÉ SE NECESITA

100 g de aceitunas rellenas • 50 g de ketchup (preferentemente casero y dietético) • 1/4 litro de leche descremada • 1 cucharada de fécula de maíz • pimienta blanca recién molida, a gusto.

■ CÓMO SE PREPARA

• Cortar las aceitunas en rebanaditas.
• En una cacerolita poner la fécula y diluirla con 1/4 de taza de leche.
• Agregar el ketchup, mezclando bien, y luego el resto de la leche.
• Cocinar sobre fuego moderado revolviendo en forma continua hasta que hierva 1 minuto.
• Retirar e incorporar las aceitunas.
• Mezclar y utilizar para salsear arroz, pescados, aves, pastas y hortalizas.

CUÁNDO SE RECOMIENDA	PORQUE
• Para combatir el colesterol alto y la osteoporosis.	• Las aceitunas aportan grasa monoinsaturada que ayuda a bajar el colesterol, y la leche provee calcio.

Salsa
de champiñones al oporto

 SUPERFÁCIL

 MUY RÁPIDO

 MENOS ECONÓMICO

BAJAS CALORÍAS

COMIDA PARA RECIBIR

■ QUÉ SE NECESITA

150 g de champiñones frescos • 1 cebolla de verdeo • 1/2 litro de leche descremada • 2 cucharadas de fécula de maíz • 1 cucharada de aceite de maíz • 2 cucharadas de oporto • 2 cucharaditas de garam masala

■ CÓMO SE PREPARA

• Picar la cebolla de verdeo y rehogar a fuego suave en el aceite en una cacerola antiadherente.

• Filetear los champiñones y sumarlos a lo anterior, salteándolos hasta que estén tiernos.

• Aparte, mezclar la fécula con el garam masala y diluir con el oporto y un poquito de leche.

• Agregar el resto de la leche revolviendo bien.

• Volcar esta mezcla sobre los champiñones y revolver continuamente sobre el fuego hasta que la preparación hierva 1 minuto.

• Retirar y utilizar para arroz, pastas, legumbres, papas, coliflor y todo tipo de carnes.

CUÁNDO SE RECOMIENDA	PORQUE
• Para bajar de peso, combatir la osteoporosis, la hipertensión y el colesterol alto.	• Todos los ingredientes son bajos en calorías, sodio, y colesterol. Hay aporte de calcio por parte de la leche.

Caldo "verdurasano"

(para sopas, salsas, cocciones de pastas, arroz, hortalizas y carnes)

 **SUPERFÁCIL**

 **BAJAS CALORÍAS**

 **MUY RÁPIDO**

 **COMIDA DIARIA**

 **MUY ECONÓMICO**

■ QUÉ SE NECESITA

2 puerros • 3 ramas de apio • 1 zanahoria • 2 hojas de repollo blanco • 2 cebollas de verdeo • 1 pequeño ramito de perejil • 2 cucharaditas de semillas de coriandro enteras • 2 cucharaditas de semillas de mostaza enteras • 2 litros de agua

■ CÓMO SE PREPARA

• Cortar los puerros a lo largo y lavarlos bajo el chorro de agua para sacar la tierra que puedan tener adentro.
• Lavar meticulosamente el resto de las hortalizas.
• Picar el puerro, la cebolla de verdeo y el apio.
• Cortar en juliana las hojas de repollo.
• Cortar en bastones la zanahoria.
• Atar el ramito de perejil con un hilo.
• Poner todos los ingredientes en una cacerolita y hervir a fuego bajo, destapado, hasta que reduzca a la mitad. Colar.

CUÁNDO SE RECOMIENDA
• Para bajar de peso, corregir el desequilibrio nutritivo y combatir el colesterol alto y la hipertensión.

PORQUE
• Aporta gran variedad de vitaminas y minerales, sin grasas ni colesterol y con muy bajo nivel de calorías y sodio.

Todo sobre las grasas

La Asociación Cardiológica Americana recomienda que las grasas no representen más del 30% de las calorías que consumimos diariamente. A simple vista, a mucha gente le parece una meta fácil de alcanzar. Nada más lejano de la realidad. La verdad es que sólo en dietas muy estrictas uno logra mantenerse dentro de ese 30%, ya que se deben calcular no sólo las grasas visibles, como la manteca, el aceite, la margarina, sino también las que poseen *per se* los alimentos. Por ejemplo: si comemos un bife con lomo que pesa 200 g, ya estamos consumiendo 15 g de grasa; si le agregamos una porción de papas fritas de 250 g, sumaremos 37,5 g de grasa, y si el postre es un heladito de crema, 34 g más. ¿Sumamos? En una sola comida ya tenemos 86,5 g, que multiplicados por 9 (ya que cada gramo de grasa tiene 9 calorías) nos da 778,5 calorías de grasa. Considerando que en promedio un adulto debería consumir entre 2.000 y 2.500 calorías diarias... nos encontramos con que en una sola comida, ¡ya pasamos el 30% aconsejado!

¿Lo encuentra un poco exagerado? Tal vez sí. Pero no exageran los estudios que demuestran que a los occidentales el alto consumo de grasas —fundamentalmente saturadas— que hacemos nos está llevando a tener más y más problemas de salud: ataques cardíacos, hipertensión, diabetes, cálculos biliares y hasta en algunos casos, cáncer.

Lo aconsejable es aprender cuánta grasa contienen los distintos alimentos y hacer un consumo consciente de ella. Pero lo ideal consiste en seleccionar el tipo de grasa, ya que no todas son iguales.

Existen dos clases de grasas: **saturadas** e **insaturadas**. Las primeras son en su gran mayoría de origen animal y muchas veces se encuentran en estado sólido a temperatura ambiente. Buenos ejemplos son el queso, la grasa del asado, la grasa que se ve en el pollo crudo, el jamón crudo. Pero también tienen grasa saturada la crema, la leche entera, el yogur y hasta la margarina, pues si bien ésta es de origen vegetal, el aceite que la compone sufre un proceso de hidrogenado en la elaboración para endurecerla, que la satura. Por eso, en cuanto a las margarinas es aconsejable elegir las dietéticas untables, que son parcialmente hidrogenadas.

Las grasas insaturadas se dividen en dos tipos: **poliinsaturadas** y **monoinsaturadas**. Ambas son consideradas beneficiosas para reducir el colesterol, siempre que se las consuma con moderación. La diferencia entre ambas radica en que las poliinsaturadas reducen el colesterol total, mientras que las monoinsaturadas reducen el colesterol malo y elevan levemente el bueno (véase capítulo "Todo sobre el colesterol").

Las grasas poliinsaturadas son de origen vegetal y en menor medida animal (pescados, mariscos). Son líquidas a temperatura ambiente y se consideran esenciales para el organismo humano, porque por sí mismo éste no puede sintetizarlas. Están presentes en la mayoría de los aceites —maíz, girasol, soja—, en las frutas secas como nueces y almendras, en las legumbres, margarinas untables, moluscos bivalvos como mejillón y almeja, y fundamentalmente en los pescados azules como el salmón, el atún, la caballa y la anchoa.

Las grasas monoinsaturadas se encuentran en el aceite de oliva, las aceitunas, las avellanas, la semilla de sésamo y su aceite, el maní y su aceite.

Volviendo a la Asociación Cardiológica Americana, ésta recomienda que de ese 30% de grasas deberíamos consumir un 10% de saturadas, un 10% de poliinsaturadas y un 10% de monoinsaturadas.

Si desea calcular el consumo diario necesario de grasas, siga estos pasos:

• Multiplique el peso ideal por las calorías kilo, lo que nos dará las calorías diarias necesarias para su organismo.

• Multiplique esa cifra por 0,30 y obtendrá las calorías diarias que se deben consumir en forma de grasa.

• Divida por 9 y llegará a la cantidad diaria de grasa que debería consumir.

Por ejemplo: mi peso ideal es 51 kg. Lo multiplico por 35 calorías, que son las que corresponden a mi edad y actividad física = 1.785 calorías. Multiplico por 0,30 y obtengo que las calorías diarias que debo consumir en forma de grasa son 535,5. Lo divido por 9 y llego a la conclusión de que la cantidad diaria de grasa que debo consumir es de 59,5 g. ¡Qué poco! (Apuesto a que en su caso dirá exactamente lo mismo.)

Para que también pueda amargarse un poquito haciendo los cálculos, aquí va una tabla que le será útil.

TABLA DE RECOMENDACIÓN DE CALORÍAS POR KILO
(para personas con actividad moderada)

Niños hasta 5 años	70 calorías por kilo de peso
Chicos de primaria	55 calorías por kilo de peso
Adolescentes	50 calorías por kilo de peso
Personas de 18 a 30 años	40 calorías por kilo de peso
Personas de 30 a 60 años	35 a 30 calorías por kilo de peso
Personas de más de 60 años	30 a 25 calorías por kilo de peso

CAPÍTULO 7

Pescados y frutos de mar: sinónimo de nutrición y gran sabor

Ventajas y características

Aunque a un argentino que lea esto le parezca imposible, desde las épocas más remotas el pescado ha constituido un elemento fundamental en la alimentación del ser humano.

Lamentablemente, para el habitante de nuestras pampas, aún hoy sigue existiendo un gran desconocimiento sobre las virtudes del pescado y cómo cocinarlo de otra forma que no sea friéndolo "a la marinera".

Los pescados, y también mariscos, constituyen una alternativa válida frente a la carne, en especial la vacuna, ya que a su alto nivel de proteínas —el pescado tiene aproximadamente un 20 %— hay que sumarle:

1- Importante contenido en minerales como calcio, fósforo, potasio, azufre, hierro, cloro, flúor y yodo (este último, cuando es pescado de mar).

2 - Presencia de vitaminas, fundamentalmente B1, B2 y en menor medida A.

3 - Grasas poliinsaturadas e incluso en muchos pescados, ácido graso Omega 3, que, según se ha demostrado, sirve para prevenir enfermedades cardíacas y baja el nivel de colesterol.

Además, el pescado es fácilmente digerible. Ya que el alimento no permanece más de dos horas en el estómago, debido a su musculatura pobre en tejido conectivo.

Esta virtud, sin embargo, es considerada por muchos como una desventaja, porque da como resultado un bajo grado de saciedad. Se trata de un claro ejemplo que muestra hasta qué punto reina una visión equivocada de cómo debemos alimentarnos, ya que una digestión menos trabajosa para el organismo redunda en un menor gasto de energía y en una agradable sensación de bienestar al terminar de comer, totalmente contraria al "comer hasta no poder más".

Claro que la digestibilidad varía de acuerdo con el tenor graso de los pescados. Así, **los más digeribles** son los que contienen menos del 1 % de grasa, como la merluza y el lenguado; los medianamente digeribles son los que contienen entre 5 y 8 % de grasa, como el atún y la trucha; y **los menos digeribles** son los que superan el 9% de grasa, como el salmón y la caballa.

En cuanto a combatir el colesterol, los mejores son los llamados pescados azules o de aguas profundas, como el atún, el salmón, la anchoa y la caballa, por la presencia de los ácidos Omega 3.

Sin embargo, todo lo bueno que tiene un pescado se puede convertir en malo si no es fresco. Por eso recomiendo tener en cuenta los requisitos que deben reunir en el momento de adquirirlos en el

comercio: suave aroma a pescado (un olor a amoníaco sin duda delata que el pescado es viejo), consistencia firme, color brillante. En el caso de los pescados enteros, verificar también que las escamas estén fuertemente adheridas, que los ojos sean saltones (no hundidos) y brillantes, y que las branquias tengan un color rojo y estén húmedas.

También los mariscos merecen nuestra atención. Hay dos grandes tipos: **los crustáceos,** entre los que se cuentan el camarón, el langostino y la langosta, **y los moluscos,** caracterizados por poseer valvas protectoras, como el mejillón, las almejas y las ostras.

Poseen prácticamente las mismas cualidades nutricionales de los pescados, pero contienen más colesterol y, en algunos casos, más sodio. Como son relativamente bajos en calorías, se recomienda su consumo, aunque no de un modo muy frecuente (cada 10 días).

Si ya está empezando a convencerse de lo bueno que es dejar de lado la vaca toda forrada de cuero y empezar a mirar para el lado de la caña de pescar... es hora de que se convenza del todo y muerda el anzuelo de las recetas que siguen.

Pescado al eneldo

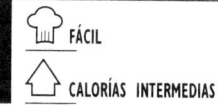 FÁCIL

 CALORÍAS INTERMEDIAS

 RÁPIDO

 COMIDA PARA RECIBIR

 MENOS ECONÓMICO

■ QUÉ SE NECESITA

8 filetes de pescado • 400 g de ricota descremada • jugo de 1 limón • 2 cucharaditas de jengibre molido • 4 cucharaditas de estragón • 200 g de yogur sabor natural • 250 g de camarones • 300 g de brotes de soja • 250 g de champiñones pequeños • 2 cucharaditas de semillas de eneldo

■ CÓMO SE PREPARA

• Macerar los filetes de pescado rociados con el jugo de limón y espolvoreados con el jengibre y el estragón, por lo menos 24 horas. Pasado ese tiempo retirarles las hierbas con una espátula.

• Cubrir cada filete con la ricota y arrollar, trabar con palillos.

• Pincelar el fondo de la cacerola con muy poco aceite y acomodar en él los brotes de soja, los champiñones y los camarones.

• Poner encima los rollitos de pescado.

• Cubrir con el yogur y espolvorear con las semillas de eneldo.

• Cocinar tapado a fuego suave hasta que el pescado esté a punto (de 10 a 12 minutos).

• Servir el pescado rociado con su misma salsa y acompañado de los brotes, champiñones y camarones.

→ **LA RICOTA TIENE UN PROMEDIO DE 450 MG DE CALCIO CADA 100 G.**

CUÁNDO SE RECOMIENDA	PORQUE
• Para bajar de peso, corregir el desequilibrio nutritivo y combatir la osteoporosis y la hipertensión.	• Todos los ingredientes son bajos en grasas, calorías, sodio, y colesterol. La ricota y el yogur aportan una importante cuota de calcio, y el pescado y los camarones, variados nutrientes.

Paquetitos con aroma a mar

(Ver foto)

🍳 FÁCIL 🕐 RÁPIDO 💲 MUY ECONÓMICO

🏠 CALORÍAS INTERMEDIAS 🍴 COMIDA PARA RECIBIR

■ QUÉ SE NECESITA

500 g de filetes de merluza sin espinas • 1/2 taza de arroz grano largo crudo • 12 hojas grandes de repollo • 1 taza de hojas de cebolla de verdeo picadas • 1/4 de taza de hojas de perejil fresco picado • 1 y 1/2 cucharadita de jengibre seco molido • jugo de 1 limón • 3 tazas de agua • 4 cucharadas de aceite de oliva • 1 cucharadita de páprika • 2 cucharaditas de pimentón dulce

■ CÓMO SE PREPARA

• Hervir las hojas de repollo en abundante agua con un puñado de sal gruesa durante 1 minuto. Retirar con espumadera y extender sobre una fuente sin encimar.

• Procesar el pescado con las hojas de cebolla de verdeo y el perejil.

• Retirar y mezclar con el arroz crudo, salar y condimentar con el jengibre.

• Poner una porción de la mezcla en el extremo más delgado de la hoja de repollo, doblar los bordes de la hoja hacia adentro y arrollar hasta obtener un paquetito. Reiterar el procedimiento hasta tener 12 paquetitos.

• Ubicarlos en una cacerola donde quepan cómodos, sin encimar, y cubrir con la mezcla de agua y jugo de limón.

• Cocinar tapado a fuego moderado suave durante 25 minutos.

• Agregar entonces la páprika, el pimentón y el aceite de oliva y cocinar 5 a 7 minutos más.

• Servir los paquetitos humedecidos con el líquido de cocción.

CUÁNDO SE RECOMIENDA	PORQUE
• Para combatir el colesterol alto, la hipertensión, el estreñimiento y la osteoporosis.	• Es un plato sin grasas, bajo en colesterol y sodio. Aporta variados nutrientes, potasio, calcio y fibra.

Salmón & escalibada

 FÁCIL

 NO TAN RÁPIDO

 MENOS ECONÓMICO

BAJAS CALORÍAS

COMIDA PARA RECIBIR

■ QUÉ SE NECESITA

4 postas de salmón blanco o rosado • 4 berenjenas • 1 pimiento morrón verde • 1 pimiento morrón rojo • 1 pimiento morrón amarillo • 4 cucharadas de aceite de oliva • harina, cantidad necesaria • pimienta negra y jugo de limón, a gusto

■ CÓMO SE PREPARA

• Rociar las postas de salmón con el jugo de limón y dejar en la heladera por lo menos 1/2 hora.

• En la parrilla del horno o de leña asar de todos lados las berenjenas y los morrones.

• Retirar y dejar entibiar dentro de una bolsa cerrada para freezer u horno (de material resistente).

• Sacar de la bolsa y pelar las berenjenas y los morrones (la piel se desprende simplemente tirando de ella).

• Cortar los morrones, desechar las semillas y cortar en tiras.

• Cortar las berenjenas en dos a lo largo, retirar la mayor cantidad de semillas que se pueda sin romperlas y cortar en tiras.

• Condimentar con la pimienta negra, humedecer con el aceite de oliva y mezclar bien. Reservar la escalibada a temperatura ambiente.

• Empolvar las postas de pescado con la harina (apenas debe quedar una capita) y cocinar 4 minutos de cada lado en plancha caliente frotada con aceite de oliva.

• Acomodar en el centro de cada plato una porción de la escalibada (esto se hace con más prolijidad si se utiliza un cortapasta grande como guía) y encima ubicar una posta de salmón.

• Rociar con unas gotas más de jugo de limón y una tenue lluvia de pimienta negra.

• Servir y disfrutar.

CUÁNDO SE RECOMIENDA	PORQUE
• Para bajar de peso, corregir el desequilibrio nutritivo y combatir la hipertensión, el colesterol alto y el estreñimiento.	• Los ingredientes son bajos en calorías y sodio. El salmón aporta proteínas, minerales y ácidos grasos poliinsaturados que ayudan a bajar el colesterol. Los vegetales aportan fibras y vitaminas.

Pejerrey con salsa de espárragos

 ELABORADO  NO TAN RÁPIDO  MENOS ECONÓMICO

BAJAS CALORÍAS   COMIDA PARA RECIBIR

■ QUÉ SE NECESITA

4 filetes de pejerrey • 500 g de abadejo • 2 claras • 200 g de queso blanco dietético • 3 cucharaditas de estragón francés • 2 cucharaditas de semillas de mostaza molidas • 2 atados de espárragos verdes • 4 cucharadas de aceite de maíz • 100 g de yogur sabor natural • 1/2 taza de leche descremada • 2 cucharaditas de mostaza

■ CÓMO SE PREPARA

• Forrar moldes individuales (tipo *soufflé*) con papel manteca en la base y en los laterales. Aceitarlos.

• Enrollar los filetes de pejerrey de tal modo que tapicen las paredes del molde (recortar lo que sea necesario).

• Procesar el abadejo con las claras. Retirar y mezclar con el queso blanco dietético, el estragón y las semillas de mostaza.

• Rellenar con esta mezcla los moldes tapizados con pejerrey.

• Cocinar a baño de María hasta que el relleno esté firme (también se pueden cocinar en microondas al 70% de la potencia).

• Cortar a los espárragos los últimos 5 cm contrarios a las puntas. Cocinar al vapor aproximadamente 10 minutos.

• Retirar y procesar la mitad de los espárragos con el yogur, el aceite, la mostaza y la leche para preparar la salsa, si es necesario agregar más leche. Preferentemente, tamizar. Entibiar.

• Desmoldar cuidadosamente el moldeado de pejerrey.

• Servir con la salsa de espárragos, guarneciendo con los espárragos reservados.

CUÁNDO SE RECOMIENDA	PORQUE
• Para bajar de peso y combatir la osteoporosis, la hipertensión y el colesterol alto.	• Los ingredientes son bajos en calorías, sodio, colesterol y grasas. Aportan variados nutrientes y los lácteos proveen calcio.

Pescando en el Egeo

■ QUÉ SE NECESITA

8 filetes de pescado • 100 g de aceitunas negras grandes • 4 cucharadas de aceite de oliva • 1/2 taza de puré de tomate • 1 taza de agua • 1/8 de taza de jugo de limón • 1/4 taza de vino blanco • 1/2 cebolla • 1 diente de ajo • 3 cucharaditas de coriandro molido • 2 cucharadas de perejil fresco picado • 1 cápsula de azafrán • pimienta blanca a gusto

■ CÓMO SE PREPARA

• Acomodar los filetes de pescado sobre una tabla. Cubrir con papel film y golpear con palo de amasar para aplanar. Si resultan muy grandes, cortar a lo largo en dos.

• Poner una aceituna en un extremo y arrollar. Trabar con un palillo.

• Picar la cebolla y el ajo.

• Poner en una cacerolita ambos ingredientes más el puré de tomate, el aceite de oliva, el vino blanco, el jugo de limón, el agua y los condimentos, menos la pimienta y el perejil.

• Cocinar tapado a fuego suave 10 minutos.

• Incorporar los filetes y cocinar destapado a fuego suave otros 10 minutos.

• Retirar los rollitos de pescado y, de ser necesario, reducir la salsa.

• Espolvorear el pescado con el perejil y la pimienta blanca recién molida, humedecer con la salsa y servir.

CUÁNDO SE RECOMIENDA	PORQUE
• Para la etapa de mantenimiento de peso y para corregir el desequilibrio nutricional, y combatir el colesterol alto.	• El pescado es rico en potasio, vitaminas y proteínas. Las aceitunas aportan grasa monoinsaturada que ayuda a bajar el colesterol.

Salmón a la fugazzeta

■ QUÉ SE NECESITA

4 postas de salmón • 4 cebollas pequeñas • 4 cucharadas de aceite de oliva • 250 g de mozzarella • 4 cucharadas de queso parmesano rallado • 4 cucharaditas de orégano • pimienta negra recién molida, a gusto

■ CÓMO SE PREPARA

• Untar una fuente para horno con la mitad del aceite de oliva y ubicar las postas de salmón.

• Cortar en finas rodajas las cebollas. Cubrir con ellas el salmón.

• Rociar con el resto del aceite de oliva.

• Tapar con papel de aluminio y cocinar en horno moderado durante 15 minutos.

• Retirar del horno, desechar el papel de aluminio.

• Rallar la mozzarella. Esparcirla sobre el pescado.

• Cubrir con el queso parmesano rallado, el orégano y la pimienta negra.

• Poner nuevamente en el horno, ahora a temperatura fuerte, y cocinar hasta que se derrita la mozzarella y se dore ligeramente el queso parmesano.

CUÁNDO SE RECOMIENDA	PORQUE
• Para combatir la osteoporosis, la debilidad y el colesterol alto.	• La mozzarella aporta calcio, y el salmón, variados nutrientes y grasas insaturadas que ayudan a bajar el colesterol.

Empanadas de calamar

■ QUÉ SE NECESITA

Masa: 2 y 1/2 tazas de harina blanca o integral superfina • 6 cucharadas de aceite de maíz • 3/4 de cucharadita de sal • aproximadamente 3/4 de taza de leche descremada

Relleno: 1 y 1/2 kg de calamares • 3/4 kg de cebolla de verdeo • 5 tomates perita • 4 cucharadas de aceite de oliva • 3/4 de cucharadita de condimento para mariscos • 2 cucharaditas de pimentón dulce • 2 cucharadas de fécula de maíz

■ CÓMO SE PREPARA

• Picar la cebolla de verdeo usando también parte de sus hojas y rehogar en una sartén con el aceite de oliva, a fuego suave.

• Hacer un corte en cruz en la base de los tomates y sumergirlos 1 minuto en agua hirviendo. Colar y pasar por agua fría. Pelar y retirar las semillas. Picar.

• Agregar los tomates a la cebolla de verdeo y cocinar 3 o 4 minutos.

• Limpiar los calamares, pelar los tubos y cortarlos en finas rodajas, al igual que los tentáculos.

• Incorporar a la sartén junto con el condimento para mariscos. Cocinar 5 minutos, revolviendo cada tanto.

• Espolvorear por encima la fécula de maíz y revolver bien hasta que la preparación espese.

• Condimentar con el pimentón y retirar del fuego. Dejar enfriar.

• Para hacer la masa poner todos los ingredientes, menos la leche, en la procesadora.

• Procesar, agregando de a chorritos la leche hasta que se forme un bollo (de ser necesario, incorporar más leche).

• Estirar la masa con palo de amasar sobre superficie enharinada dejándola de aproximadamente 2 mm de espesor. Con un cortapasta cortar círculos de aproximadamente 10 cm de diámetro. Tapar con un repasador para que la masa no se seque.

• Rellenar los discos de masa con la preparación de calamar, doblar al medio y hacer un repulgue del modo acostumbrado.

• Untar apenas con aceite una asadera y ubicar las empanadas.

• Cocinar en horno fuerte durante 15 minutos o hasta que adquieran un ligero tono dorado y una textura crocante.

• Retirar, poner en una fuente y servir.

CUÁNDO SE RECOMIENDA	PORQUE
• Para la etapa de mantenimiento de peso y corregir el desequilibrio nutritivo y combatir la osteoporosis y el colesterol alto.	• Los calamares aportan calcio y hierro con bajo colesterol. La masa es muy baja en grasas y sin colesterol.

Lenguado con salsa de puerros

 SUPERFÁCIL

 MUY RÁPIDO

 MENOS ECONÓMICO

CALORÍAS INTERMEDIAS

COMIDA PARA RECIBIR

■ QUÉ SE NECESITA

4 filetes de lenguado grandes • jugo de 1 limón exprimido • 500 g de blancos de puerro • 100 g de jamón cocido en un trozo • 200 g de champiñones frescos • 200 g de queso blanco dietético • 1/2 taza de leche descremada • 2 cucharadas de aceite de oliva • 1 hoja de laurel • 1 cucharadita de pimienta de Jamaica molida • pimienta blanca recién molida, a gusto

■ CÓMO SE PREPARA

• Rociar los filetes con jugo de limón y estacionar tapados en la heladera por lo menos 1/2 hora.

• Mientras tanto, cortar en diagonal finas rodajas de los blancos de puerro.

• Filetear los champiñones.

• Poner en una cacerola antiadherente el aceite de oliva y sumar los puerros, los champiñones y la hoja de laurel. Tapar y cocinar a fuego suave, revolviendo cada tanto, hasta que el puerro esté transparente. Retirar del fuego y sacar la hoja de laurel.

• Sumar la pimienta de Jamaica molida, la pimienta blanca y el queso blanco previamente aligerado con la leche descremada (debe quedar como una salsa espesa).

• Cortar el jamón cocido en pequeños cubitos.

• Tomar una fuente antiadherente y frotarla con un papel aceitado.

• Escurrir los filetes y ubicarlos en ella. Cubrir con la salsa de puerros y salpicar con los trocitos de jamón.

• Cocinar en horno tradicional a temperatura moderada durante 15 minutos o en microondas aproximadamente 8 minutos (los tiempos dependen de la marca del artefacto).

↦ **EL PESCADO TIENE UN PROMEDIO DE 70 MG DE COLESTEROL CADA 100G.**

CUÁNDO SE RECOMIENDA	PORQUE
• Corregir el desequilibrio nutritivo, combatir la osteoporosis, el colesterol alto y el estreñimiento.	• Todos los ingredientes son bajos en grasas y colesterol. Los lácteos aportan calcio, y las hortalizas y el pescado, gran variedad de nutrientes.

Medallones
de pescado al eneldo

 FÁCIL

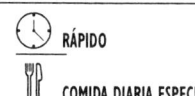 RÁPIDO

 ECONÓMICO

BAJAS CALORÍAS

COMIDA DIARIA ESPECIAL

■ QUÉ SE NECESITA

*8 medallones de pescado • 1 y 1/2 atado de brócoli • 3 zanahorias •
150 g de queso blanco • l diente de ajo • 1 tallo de apio picado• 4 cucharadas
de aceite de oliva • jugo de 1 limón • 3 cucharaditas de semillas de eneldo
• 2 cucharaditas de jengibre molido.*

■ CÓMO SE PREPARA

• Rociar con jugo de limón los filetes de pescado, salarlos, y
espolvorearlos con la mitad del jengibre. Ubicar en el vaporizador. En el
agua de vaporización poner el apio picado y las semillas de eneldo.

• Empezar a vaporizar el pescado (el tiempo total de vaporización es de
6 a 8 minutos).

• Aparte, cortar en finas rodajas las zanahorias y ubicarlas junto con los
ramitos de brócoli en el otro piso del vaporizador con el diente de ajo
pelado.

• Vaporizar el pescado y las hortalizas hasta completar la cocción del
primero.

• Licuar la tercera parte del brócoli con 1/2 taza del líquido de cocción
colado más el queso blanco, el aceite de oliva, el ajo y la restante
cucharadita de jengibre.

• Servir los medallones de pescado cubriéndolos con la salsa de brócoli
y eneldo y guarnecer con el brócoli y las zanahorias. Si se desea, rociarlos
con un buen aceite de oliva.

CUÁNDO SE RECOMIENDA	PORQUE
• Para bajar de peso, combatir la osteoporosis, la hipertensión, el estreñimiento y el colesterol alto.	• Todos los ingredientes son bajos en calorías y sodio. El queso aporta calcio y el brócoli fibras solubles, que bajan el colesterol, e insolubles, que agilizan el intestino y previenen el cáncer de colon.

Timbales de pepinos y camarones

 ELABORADO

 NO TAN RÁPIDO

 MENOS ECONÓMICO

⌂ BAJAS CALORÍAS

🍴 COMIDA PARA RECIBIR

▪ QUÉ SE NECESITA

400 g de camarones • 400 g de yogur sabor natural • 3 pepinos • 3 claras • 1/4 de taza de caldo "verdurasano" • 2 sobres de gelatina sin sabor o 2 cucharaditas de agar-agar • 3 cucharaditas de semillas de eneldo • 3 cucharaditas de semillas de mostaza molida • pimienta blanca recién molida a gusto • 1 cucharada de jugo de limón • pepinos, tomatitos cherry y berro para decorar

▪ CÓMO SE PREPARA

• Pelar los pepinos, sacarles las semillas y rallarlos. Salarlos y ponerlos en un colador (de ser posible con un peso encima) por lo menos durante 1 hora. Enjuagar con agua y escurrir.

• Procesar los camarones con el jugo de limón y las semillas de eneldo. Mezclar con los pepinos.

• Sumar el yogur y el resto de los condimentos.

• Diluir la gelatina o agar-agar con el caldo frío y calentar sobre el fuego sin revolver hasta que rompa el hervor. Retirar y entibiar.

• Agregar a la mezcla de pepinos y camarones.

• Batir las claras a punto nieve e integrar con la preparación principal con suaves movimientos.

• Volcar en moldecitos individuales de timbal previamente humedecidos y enfriar en la heladera hasta que la preparación esté firme.

• Pasar un cuchillo por el borde y desmoldar sobre una fuente o platos, decorando con los pepinos para guarnición cortados finamente, los tomatitos *cherry* y las hojitas de berro.

• Salsear con mayonesa sin colesterol aligerada con leche descremada.

↪ **LOS CAMARONES TIENEN 90 CALORÍAS CADA 100 G.**

CUÁNDO SE RECOMIENDA	PORQUE
• Para bajar de peso, combatir el colesterol alto y corregir el desequilibrio nutritivo.	• Los ingredientes son muy bajos en calorías y grasas, con poco colesterol y aportan variados nutrientes y potasio.

Mousse del Medioevo*

 FÁCIL    RÁPIDO    ECONÓMICO

BAJAS CALORÍAS   COMIDA PARA RECIBIR

■ QUÉ SE NECESITA

250 g de pechugas de pollo • 350 g de filetes de pez pollo (también llamado pez ángel) • 6 claras • 200 g de yogur sabor natural • 200 g de queso blanco dietético • 1 cucharada de coñac • 1 cucharada de fécula de maíz • 1 cucharadita de jengibre molido • 1 cucharadita de fenogreco molido • 4 cucharadas soperas de ciboulette fresca picada

■ CÓMO SE PREPARA

• Limpiar el filete de pez pollo y retirar todo el cartílago. Procesar el pescado.

• Por separado, procesar las pechugas de pollo.

• Mezclar el pollo con el pescado y poner nuevamente en la procesadora junto con las claras, el yogur, el queso blanco dietético, la fécula diluida en el coñac y los condimentos (entre ellos, la *ciboulette*).

• Activar hasta que se obtenga una pasta homogénea.

• Untar moldes individuales con manteca o margarina, llenarlos con la mezcla y cocinar a baño de María aproximadamente 20 minutos, o en microondas unos 14 minutos al 70% con la potencia (recordar que los tiempos de cocción varían de acuerdo con la potencia del artefacto).

• Retirar la *mousse* del horno, dejar entibiar, desmoldar y servir con la salsa de berros (ver receta en este libro).

* **LE PUSE ESTE NOMBRE EN RECUERDO DE LA COMIDA MEDIEVAL, ÉPOCA EN LA QUE ERA MUY COMÚN MEZCLAR DISTINTOS TIPOS DE CARNES EN UNA MISMA PREPARACIÓN, COMO PESCADOS Y AVES.**

CUÁNDO SE RECOMIENDA	PORQUE
• Para bajar de peso y combatir el colesterol alto, la hipertensión y la osteoporosis.	• Es un plato bajo en colesterol y grasas. Los lácteos aportan calcio y las carnes blancas, proteínas, potasio y variados nutrientes.

Pastel de papa de mar

ELABORADO **NO TAN RÁPIDO** **MUY ECONÓMICO**

CALORÍAS INTERMEDIAS **COMIDA DIARIA**

■ QUÉ SE NECESITA

1 kg de papas • *5 filetes de merluza* • *4 cebollas de verdeo* • *1 pimiento morrón rojo* • *50 g de aceitunas verdes* • *1 cucharada de extracto de tomate* • *4 cucharadas de aceite de oliva* • *3 cucharaditas de* fines herbes • *1 cucharadita de pimentón* • *1/2 cucharadita de chile*

■ CÓMO SE PREPARA

• Pelar las papas, cortarlas en rodajas y hervirlas hasta que estén tiernas. Escurrir y hacer puré. Dejar enfriar.

• Cortar en finas rodajas la cebolla de verdeo y en juliana el pimiento morrón. Rehogarlos a fuego suave en una sartén antiadherente con el aceite de oliva.

• Sumar el extracto de tomate y las *fines herbes* e incorporar el pescado en trozos, cocinando tapado unos 5 a 7 minutos.

• Retirar y agregar las aceitunas, el pimentón y el chile.

• Tomar una fuente aceitada y cubrir el fondo con una capa de puré.

• Acomodar encima toda la preparación de pescado escurrida. Cubrir con el resto del puré y cocinar en horno moderado durante 20 a 25 minutos.

• Servir en cuadrados y decorado con tomatitos *cherry* y hojitas de perejil fresco.

→ **LAS ACEITUNAS Y EL ACEITE DE OLIVA SON GRASAS MONOINSATURADAS, CONSIDERADAS MUY BUENAS PARA REDUCIR EL COLESTEROL.**

CUÁNDO SE RECOMIENDA	PORQUE
• Para la etapa de mantenimiento de peso y para combatir el colesterol alto y el estreñimiento.	• El pescado tiene potasio, hierro y otros importantes nutrientes. La papa provee vitaminas y fibra.

Esferas
de pescado al azafrán

 ELABORADO    NO TAN RÁPIDO    ECONÓMICO

BAJAS CALORÍAS   COMIDA DIARIA ESPECIAL

■ QUÉ SE NECESITA

3/4 kg de filetes de merluza procesados • 2 dientes de ajo picados • 4 cucharadas de perejil fresco picado • 1 cucharadita de jengibre molido • 1 ramo de ciboulette fresca picada • 2 claras • 4 cucharadas de salvado de avena • 1 taza de arroz blanco
Salsa: 1 taza de leche descremada • 200 g de queso blanco dietético • 1 cápsula de azafrán • semillas de amapola para decorar

■ CÓMO SE PREPARA

• Remojar el arroz en agua por lo menos 2 horas. Escurrir y esparcir en un bol.

• Mezclar el pescado con el ajo, la *ciboulette*, el perejil, el jengibre, el salvado de avena y las claras. Amasar.

• Con las manos húmedas formar esferas de aproximadamente 3 cm de diámetro. Pasarlas por el arroz.

• Ubicar las esferas en el vaporizador y cocinar durante aproximadamente 15 minutos.

• Mientras, hacer la salsa diluyendo el azafrán con la leche y el queso blanco. Calentar sin que hierva.

• Servir las esferas en bandeja o plato sobre un espejo de salsa, salpicar con las semillas de amapola y acompañar con guarnición de hortalizas.

CUÁNDO SE RECOMIENDA	PORQUE
• Para bajar de peso y para combatir el colesterol alto, la hipertensión y la osteoporosis.	• Sus componentes son bajos en calorías, sodio, colesterol y grasas. Los lácteos aportan calcio.

Paleta de pintor

Página 33

Vitel Thonné
de hortalizas
Página 41

Hortalizas crocantes con guacamole

Página 44

Quiche vegetal con almendras
Página 70

Sopa crema de brócoli al coriandro

Página 56

Ensalada de legumbres multicolor

Página 90

Matambre de arroz

Página 88

Tarta de choclo al curry
Página 67

Tortillas light al chile

Página 92

Ravioles de color naranja
Página 96

Bucattini Basilico

Página 99

Atún oriental
Página 149

**Paquetitos con
aroma a mar**
Página 133

Budín del gallinero

Página 167

**Pollo a las hierbas
con hortalizas al vapor**

Página 169

Lomo en croûte

Página 181

Lomo verde
Página 177

Mango, melón y champán
Página 198

Mousse de mango
Página 200

Pastel de Smith
Página 199

Torta anticolesterol
Página 206

**Frutillas con aroma
a azahares**
Página 205

Locro
Página 231

Puchero

Página 230

Tiramisú
Página 246

Fish party*

■ QUÉ SE NECESITA

1/2 kg de filetes de merluza sin espinas • 1/2 kg de filetes de gatuzo (bautizado "lomito de atún") • 3/4 kg de filete de lenguado • 1 planta de lechuga rizada • 400 g de queso blanco dietético • 250 g de queso port salut • 1 atado de espárragos verdes • 4 tomates perita • 2 zanahorias • 2 cebollas • 1 cabeza de ajo • 1 ramillete de perejil • 2 zapallitos • 1 pimiento morrón rojo • 1 pimiento morrón verde • 250 g de chauchas • 250 g de granos de choclo congelados • 250 g de camarones • 100 g de champiñones • 1/2 kg de papas noisette *• 1/2 litro de salsa bechamel* light *(receta en este libro) • 1/4 litro de salsa de tomate liviana (receta en este libro) • 1/2 taza de jugo de limón •* estragón, fines herbes, jengibre, cardamomo, pimienta blanca, curry, tomillo, coriandro *y otras especias, cantidad necesaria • un rollo de papel de aluminio • marcadores de colores • etiquetas*

■ CÓMO SE PREPARA

• Cortar el queso port salut en finas tajadas.

• Cortar los últimos 7 cm de los espárragos y cocinarlos al vapor 8 minutos (o en microondas en una bolsa con agua "pinchada" 5 minutos).

• Cortar los tomates perita en *concassé*.

• Rallar la zanahoria y los zapallitos.

• Despuntar las chauchas, cortar en diagonal y cocinar al vapor 2 minutos (o en microondas, con agua, igual tiempo).

• Cortar la cebolla en aros y cocinar al vapor 3 minutos (o en microondas igual tiempo)

• Descongelar los granos de choclo.

• Sacarles las semillas y las nervaduras a los pimientos morrones. Cortar en fina juliana.

• Filetear los champiñones (rociarlos con jugo de limón para que no se oscurezcan).

• Cocinar las papas *noisette* al vapor 3 minutos (o en microondas 4 minutos en fuente tapada y con un poco de agua).

• Pelar y picar el ajo. Picar el perejil.

• Ubicar en una fuente grande los tres tipos de pescado sobre el colchón de lechuga rizada. Poner en derredor, en cazuelitas, todos los demás ingredientes (se pueden utilizar cazuelitas descartables). Poner también las especias.

• En un costado poner el papel de aluminio cortado en cuadrados de 22 cm, los marcadores de colores y las etiquetas.

• Invitar a cada comensal a hacer su propio plato de pescado poniendo en los cuadrados de papel de aluminio un filete más los ingredientes, salsas y condimentos que desee.

• Cerrar el papel de aluminio haciendo un *papillote* (paquetito con bordes plegados) y pegar la etiqueta marcando con el color del comensal.

• Poner todos los *papillotes* en una fuente grande que pueda ir al horno y a la mesa y cocinar en horno moderado durante 10 minutos.

• Llevar la fuente a la mesa y servir cada *papillote* al comensal que corresponda.

• Las papas, chauchas, zanahorias, espárragos y tomates se pueden utilizar como guarnición del pescado.

* **UNA IDEA TAN ORIGINAL COMO EXITOSA PARA AGASAJAR A AMIGOS Y DIVERTIRSE SANAMENTE COMIENDO CON ELLOS. ABSOLUTAMENTE IMPERDIBLE.**

CUÁNDO SE RECOMIENDA

• Para bajar de peso y combatir el colesterol, la hipertensión, la osteoporosis y el estreñimiento y corregir el desequilibrio nutritivo.

PORQUE

• Todos los ingredientes son bajos en calorías, con muy poco sodio y colesterol. Cualquier combinación asegura importante cantidad y calidad de nutrientes.

Hamburguesas del puerto

 FÁCIL

 RÁPIDO

 MENOS ECONÓMICO

BAJAS CALORÍAS

COMIDA DIARIA

■ QUÉ SE NECESITA

500 g de filetes de merluza sin espinas • 250 g de camarones • 250 g de filetes de lenguado • 2 claras • 5 cucharadas de salvado de avena • 3 dientes de ajo • 4 cucharaditas de coriandro molido • 2 cucharaditas de semillas de mostaza molida • 3 cucharaditas de estragón • 1 y 1/2 cucharadita de jengibre • jugo de limón, a gusto

■ CÓMO SE PREPARA

• Procesar la merluza con el lenguado, los camarones y las claras, hasta obtener una mezcla homogénea.
• Pelar y picar finamente el ajo.
• Mezclar el pescado con todos los condimentos, más el salvado de avena. Amasar bien hasta que se forme un bollo consistente.
• Dejar reposar 30 minutos en la heladera.
• Humedecerse las manos, sacar porciones del bollo de pescado y darle forma de hamburguesa (también se puede hacer con el aparato especial).
• Calentar una sartén antiadherente apenas aceitada y cocinar 2 o 3 minutos de cada lado las hamburguesas.
• Rociar con el jugo de limón y servir con ensaladas o en medio de un pan integral, a modo de hamburguesa.

→ **EL SALVADO DE AVENA ES UNO DE LOS INGREDIENTES CON MAYOR PROPORCIÓN DE FIBRA SOLUBLE: 7,5 G CADA 100 G.**

CUÁNDO SE RECOMIENDA	PORQUE
• Para bajar de peso, combatir el colesterol alto y corregir el desequilibrio nutritivo.	• Los ingredientes son bajos en calorías y grasas. Los pescados y mariscos aportan proteínas, potasio, hierro, y el salvado de avena, fibra soluble que ayuda a bajar el colesterol.

Mousse
de salmón

 SUPERFÁCIL    MUY RÁPIDO    MENOS ECONÓMICO

BAJAS CALORÍAS   COMIDA PARA RECIBIR

■ QUÉ SE NECESITA

1 taza de ricota descremada • 1/3 de taza de yogur • 1/4 de taza de cebollas picadas • 300 g de salmón rosado cocido al vapor • 3 cucharaditas de coriandro • 2 sobres de gelatina sin sabor • 2 cucharadas de jugo de limón • 1/4 de taza de agua • 2 claras • 2 cucharadas de perejil fresco picado • 1 cucharadita de páprika

■ CÓMO SE PREPARA

• Procesar los primeros cuatro ingredientes.
• Sumar los condimentos.
• Diluir la gelatina con el agua y el jugo de limón. Calentar sobre fuego suave hasta que rompa el hervor. Retirar y mezclar con la preparación principal.
• Batir las claras a nieve. Agregar a lo anterior.
• Ubicar en moldes humedecidos y enfriar en la heladera varias horas o hasta que adquiera firmeza.

➙ **TODOS LOS PESCADOS POSEEN GRASA INSATURADA, QUE ES BUENA PARA UNA DIETA ANTICOLESTEROL, PERO LOS PESCADOS AZULES, COMO EL SALMÓN, SON AÚN MEJORES PORQUE TIENEN ÁCIDOS OMEGA 3, QUE REDUCEN EL COLESTEROL.**

CUÁNDO SE RECOMIENDA	PORQUE
• Para bajar de peso, combatir el colesterol alto, la hipertensión y la osteoporosis y corregir el desequilibrio nutritivo.	• Es un plato bajo en calorías, grasas, sodio y colesterol. Sus ingredientes aportan variados nutrientes, el salmón provee ácidos grasos Omega 3, y los lácteos, el calcio.

(Ver foto)

Atún oriental

 FÁCIL

△ ALTAS CALORÍAS

 RÁPIDO

COMIDA DIARIA ESPECIAL

 MENOS ECONÓMICO

■ QUÉ SE NECESITA

1 y 1/2 kg de atún fresco • 2 cebollas de verdeo • 200 g de aceitunas verdes grandes descarozadas • 4 cucharadas de aceite de oliva • 1 clara • 2 cucharadas de salvado de avena • jugo de 1/2 limón • aproximadamente 1/4 litro de agua • 2 cucharadas de albahaca o perejil fresco picados • 3/4 de cucharadita de canela • 3/4 de cucharadita de comino • pimienta blanca, a gusto

■ CÓMO SE PREPARA

• Cortar en postas el atún. Reservar 1 taza.
• Picar las cebollas con parte de sus hojas.
• Calentar el aceite de oliva en una cacerola y rehogar la cebolla a fuego suave, tapada.
• Incorporar luego las postas de atún, 1/2 cucharadita de comino y canela y saltear.
• Sumar el agua, bajar el fuego al mínimo, tapar y cocinar durante 5 minutos.
• Aparte, en una cacerola con abundante agua hervir 3 minutos las aceitunas. Colar y pasar por agua fría.
• Procesar la taza de atún reservada.
• Incorporar la clara, el salvado de avena, la albahaca o perejil y el restante comino y canela.
• Volver a procesar hasta obtener una pasta. Rellenar con ella las aceitunas (con paciencia) y con el resto de la pasta hacer pequeñas albóndigas.
• Agregar al atún y cocinar a fuego bajo 5 minutos más. Rociar con el jugo de limón y cocinar 2 minutos más.
• Retirar, condimentar con la pimienta blanca recién molida y servir con arroz.

CUÁNDO SE RECOMIENDA	PORQUE
• Para la etapa de mantenimiento de peso y para combatir el colesterol alto.	• El atún provee potasio, hierro y grasas poliinsaturadas que ayudan a bajar el colesterol y prevenir ataques cardíacos. Las aceitunas poseen grasas monoinsaturadas que favorecen el descenso del colesterol.

Canelones de salmón

■ QUÉ SE NECESITA

Masa: 1 taza de leche descremada • 3 claras • 3/4 de taza de harina • 1 cucharadita de polvo para leudar • 2 cucharadas de aceite de maíz • 1 cucharadita de sal • semillas de sésamo en cantidad necesaria

Relleno: 3/4 kg de postas de salmón • 5 cebollas de verdeo • 1/2 pimiento morrón verde • 1/2 pimiento morrón amarillo • 1 cucharada de extracto de tomate • 3 cucharaditas de estragón francés • 1 cucharadita de jengibre molido • 4 cucharadas de aceite de maíz • jugo de 1/2 limón • 1 taza de salsa de tomate y 1 taza de bechamel light *(ver recetas en este libro)*

■ CÓMO SE PREPARA

• Procesar o licuar todos los ingredientes de la masa, menos las semillas de sésamo. Dejar descansar esta pasta por lo menos 1/2 hora.

• Aceitar apenas una sartén de teflón y echar un cucharón de la pasta, cocinando a fuego moderado. Cuando el panqueque empieza a cuajar, echarle un poco de semillas de sésamo. No cocinar del otro lado.

• Repetir el procedimiento con el resto de la pasta, hasta obtener 8 panqueques.

• Poner el salmón en un vaporizador, rociándolo con el jugo de limón, y vaporizar las postas 13 minutos. Retirar, dejar entibiar y sacar la piel y todas las espinas. Procesar.

• Mezclar con el estragón, el jengibre y el extracto de tomate.

• Picar las cebollas de verdeo con las hojas.

• Sacar las semillas y nervaduras de los pimientos morrones y cortar en cuadraditos.

• Calentar en una sartén antiadherente las 4 cucharadas de aceite y a fuego muy suave rehogar la cebolla y los morrones. Retirar y mezclar con el pescado.

• Poner un poco del relleno en el borde de los panqueques y arrollar.

• Acomodar en una fuente antiadherente apenas aceitada y calentar en horno moderado unos minutos.

• Servir 2 canelones por comensal, cubriéndolos con las 2 salsas.

CUÁNDO SE RECOMIENDA	PORQUE
• Para combatir la hipertensión y el colesterol alto y corregir el desequilibrio nutritivo.	• El pescado provee potasio, hierro y otros importantes nutrientes. Todos los ingredientes (excepto el extracto de tomate) son bajos en sodio y colesterol.

Delicioso sandwich de pollo de mar

⌂ SUPERFÁCIL   ⊕ MUY RÁPIDO $ ECONÓMICO

⌂ BAJAS CALORÍAS   🍴 COMIDA DIARIA

■ QUÉ SE NECESITA

500 g de filetes de pez pollo o pollo de mar • jugo de 1/2 limón • 1 taza de granos de choclo amarillo congelados • 1 lata de palmitos • 1 planta de lechuga francesa • 150 g de queso blanco dietético • 100 g de mayonesa dietética • 50 g de ketchup bajas calorías (receta en este libro) • 1/2 cucharadita de jengibre molido • 4 panes árabes integrales

■ CÓMO SE PREPARA

• Limpiar el filete separando los principales cartílagos y cortar en postas. Rociar con jugo de limón y cocinar al vapor durante 11 minutos. Retirar y desmenuzar.

• Descongelar los granos de choclo y colarlos. Mezclar con el pescado.

• Escurrir los palmitos y cortar en rodajitas. Integrar a lo anterior.

• En un bol mezclar el queso blanco con la mayonesa, el ketchup y el jengibre.

• Sumar esta salsa a la preparación de pescado.

• Hacer un pequeño tajo en uno de los lados de cada uno de los panes y con una cucharita rellenar con la mezcla de pescado, hasta que queden "panzones".

• Presionar los bordes para unirlos (si es necesario, pegarlos con un poco de queso blanco).

• Tapizar una fuente con las hojas de lechuga y ubicar encima los sandwiches.

• Enfriar en heladera 15 minutos antes de servir.

CUÁNDO SE RECOMIENDA	PORQUE
• Para bajar de peso y combatir el colesterol alto, la hipertensión, la osteoporosis y el estreñimiento.	• Todos los ingredientes son bajos en calorías, sodio y colesterol. El queso aporta calcio, y el pescado, proteínas y minerales. También hay buen aporte de fibras.

Abadejo
a la provenzal

 **FÁCIL**    **RÁPIDO**    **ECONÓMICO**

BAJAS CALORÍAS   **COMIDA PARA RECIBIR**

■ QUÉ SE NECESITA

4 filetes de abadejo • jugo de 1 limón • 3/4 de taza de vino blanco • 1/8 de taza de aceite de oliva • 6 dientes de ajo • 1 ramillete de perejil fresco • 1 cucharadita de chile molido • 2 berenjenas • 4 tomates perita • 1/2 cucharadita de comino molido • 3 cucharadas de vinagre de manzana o hierbas • 1/2 cucharadita de pimienta blanca recién molida • 3 cucharadas de aceite de oliva

■ CÓMO SE PREPARA

• Asar las berenjenas y los tomates enteros y sin pelar en la parrilla del horno o en microondas, hasta que estén blandos y la piel se desprenda con facilidad. Retirar, dejar entibiar y pelar.

• Cortar en tiras y condimentar con el vinagre, las 3 cucharadas de aceite de oliva, la pimienta y el comino. Reservar a temperatura ambiente.

• Cortar los filetes de abadejo en diagonal, en postas de 3 cm.

• Pelar y picar el ajo.

• Sacarle los cabitos al perejil y picar sus hojas.

• Calentar en una sartén grande antiadherente 1/8 de taza de aceite de oliva con el ajo, hasta que éste se empiece a dorar. Incorporar el vino y dejar reducir. Sumar entonces el jugo de limón, el perejil y el chile, mezclando.

• Acomodar las postas de abadejo y cocinar a fuego suave 3 minutos de cada lado.

• Retirar del fuego y servir en cada plato las postas de abadejo, en forma entrecruzada, y acompañar con la guarnición de berenjenas y tomates.

-> **ESTE PLATO SE PUEDE CONSUMIR TANTO FRÍO COMO CALIENTE.**

CUÁNDO SE RECOMIENDA	PORQUE
• Para bajar de peso, prevenir la mala digestión y combatir el colesterol alto, el estreñimiento y la osteoporosis.	• Los ingredientes son de muy bajas calorías y rápida digestibilidad. El pescado aporta potasio y otros minerales. La presencia de fibras y calcio es importante, y el colesterol, muy bajo.

Todo sobre el sodio

Muchas personas saben que para el organismo el sodio es indispensable. Pero lo que no saben es que **el cloruro de sodio (la sal) no es indispensable, pues el nivel de sodio que necesitamos es tan bajo que basta con el que aportan los alimentos que consumimos a diario.**

Los riesgos de un exceso de sal en nuestra alimentación pueden ser muchos. O ninguno. Y esto no es un contrasentido, ya que depende de cada persona y de su perfil hereditario. Así, mucha sal puede afectar seriamente los riñones, al forzarlos a trabajar más de la cuenta para eliminar las cantidades excesivas. O puede producir una suba de la presión sanguínea, con los riesgos que esto implica. Riesgos que se entienden si pensamos que la persistencia de una presión elevada endurece las paredes arteriales, les resta elasticidad y hace que el corazón tenga que trabajar forzadamente para bombear sangre a todo el cuerpo. Así, el corazón puede llegar a ensancharse produciendo una enfermedad cardíaca, o ante la presión de la sangre una arteria demasiado estrecha puede romperse; si esto se produce en el cerebro, puede terminar en una embolia o en un derrame cerebral.

Si bien no se sabe a ciencia cierta por qué la sal produce hipertensión, sí se sabe positivamente que la produce y que la mejor manera de prevenir estos problemas es hacer un consumo moderado de sal desde la más tierna infancia. **Y hablo de la infancia porque la cantidad de sal utilizada es un tema de acostumbramiento del paladar.** Si ya de chicos nos habituamos a comer con poca sal, estaremos haciendo una apuesta a una mejor vida, y nuestro corazón y nuestros riñones nos lo agradecerán. Fiel a esta filosofía, en todas las recetas de este libro encontrará que poner sal queda a su criterio, y además hay una recomendación de recetas especiales para hipertensos.

Con la siguiente tabla puede informarse sobre el nivel de sodio que contienen los principales alimentos.

TABLA DE SODIO DE LOS PRINCIPALES ALIMENTOS (CADA 100 G)

Aceite..2 mg	Fideos secos..5 mg
Aceitunas verdes.................................2.400 mg	Huevo entero.......................................122 mg
Acelga...120 mg	Jamón crudo......................................1.100 mg
Alcauciles..45 mg	Leche..50 mg
Almejas..160 mg	Manteca...300 mg
Apio...130 mg	Mayonesa...600 mg
Arroz...7 mg	Manzana..1 mg
Bananas..1 mg	Pan...600 mg
Brócoli...15 mg	Panceta...1.800 mg
Camarones..150 mg	Papas...5 mg
Carne blanca del pollo.............................70 mg	Peras...2 mg
Carne oscura del pollo.............................90 mg	Pescados..entre 50 y 90 mg
Carne vacuna magra................................80 mg	Queso blanco.........aproximadamente 70 mg
Cerdo magro..80 mg	Queso cuartirolo....................................500 mg
Chauchas...2 mg	Queso duro.................entre 900 y 1.200 mg
Clara de huevo......................................170 mg	Queso semiduro...............entre 500 y 600 mg
Coliflor..15 mg	Remolacha..60 mg
Conejo...50 mg	Ricota..150 mg
Cordero...90 mg	Salchicha..850 mg
Crema..35 mg	Yema de huevo.......................................50 mg
Espárragos...7 mg	Zanahorias...50 mg
Espinacas...70 mg	

CAPÍTULO 8

Los mejores platos de aves: deliciosos y sanos

Características de las aves: elección y preparación

Lo primero que uno debería hacer antes de hincarle el diente a una patita de pollo es averiguar cómo alimentaron a ese animal, ya que en gran medida de esa alimentación depende la nuestra. Por eso el ideal es comprar aves criadas "a la antigua", en libertad, alimentadas a puro grano. Claro que, como dije antes, ése es el ideal. La realidad de todos los días, la de los pollos del supermercado que está a la vuelta de casa, es que posiblemente fueron sometidos a una alimentación forzada e ininterrumpida (24 horas por día), con productos balanceados e inflados con hormonas.

Por lo tanto al pollo hay que mirarlo de lejos y pensar que, cuando nos dijeron que debemos comer menos carne, no se trata sólo de la de animales de cuatro patas. La regla de oro consiste en reemplazar la carne vacuna por la de pollo, la de pollo por la de conejo y la de conejo por pescado. ¿Por qué conejo? Porque tiene menos grasa, menos colesterol y menos calorías que las aves y la carne vacuna. Lástima que todavía resulte tan caro.

Volviendo al pollo, la mejor manera de convertirlo en un alimento "potable" es **sacarle siempre la piel y toda la grasa visible antes de cocinarlo.** Porque una vez que el pollo se cocinó con su grasa, absorbe parte de ella, que pasará a nuestro organismo. La parte más blanca de la carne de pollo, como la pechuga, posee una menor proporción de colesterol y grasa; por eso en dietas muy estrictas se aconseja su consumo.

La mejor manera de cocinar las aves para que se desgrasen es al vapor o al horno, este último caso es el de la ya mencionada "técnica de asar", que consiste en ubicar las carnes sobre una rejilla de metal dentro de una fuente con un poco de agua. Cuando termine la cocción, recomiendo observar la cantidad de grasa que queda en el agua: es la que uno se ahorra con este tipo de cocción. También el salteado y la parrilla son formas muy sanas de cocinar un ave.

Desde un punto de vista nutricional, 100 g de pollo aportan 130 calorías, 20 g de proteínas, 5 g de grasa, 90 mg de sodio, 12 mg de calcio, 5 mg de hierro, 200 mg de fósforo y 260 mg de potasio.

Ahora que tenemos un poco más claro el tema, creo que podemos decir "listo el pollo".

Albóndigas de pollo en salsa de aceitunas

■ QUÉ SE NECESITA

4 pechugas de pollo crudas • 1 cebolla • 1/2 taza de trigo burgol fino • 100 g de aceitunas verdes • 10 dientes de ajo con piel • 5 o 6 tomates perita • 1 y 1/2 cucharadita de comino • 1 y 1/2 cucharadita de jengibre molido • 1/2 litro de agua • 4 cucharadas de aceite de oliva

■ CÓMO SE PREPARA

• Picar bien la cebolla.
• Poner el trigo burgol en un bol y tapar con 2 cm de agua. Dejar que la absorba.
• Procesar las pechugas (evitar que se conviertan en una pasta). Mezclarlas con la cebolla, el trigo y la mitad de los condimentos.
• Humedecerse las manos y hacer albóndigas.
• Descarozar las aceitunas y cortar en trocitos. Poner en una cacerolita con agua y hervir 5 minutos. Retirar y colar. Reservar.
• Aplastar los ajos.
• Pelar los tomates, retirarles las semillas y procesarlos.
• Calentar el aceite de oliva y dorar los ajos sin que se quemen. Sumar las aceitunas, el tomate, los condimentos y el agua.
• Cocinar destapado a fuego moderado 5 minutos.
• Incorporar entonces las albóndigas de pollo y cocinar tapado a fuego moderado suave 15 minutos.
• Servir las albóndigas con su salsa y acompañar con unas papas cocidas con piel o al vapor.

CUÁNDO SE RECOMIENDA	PORQUE
• Para combatir el estreñimiento, el colesterol alto y la debilidad.	• La fibra del trigo regulariza el intestino y la grasa monoinsaturada de las aceitunas ayuda a bajar el colesterol y da energía.

Pionono anticolesterol de remolacha

ELABORADO

NO TAN RÁPIDO

ECONÓMICO

CALORÍAS INTERMEDIAS

COMIDA PARA RECIBIR

■ QUÉ SE NECESITA

10 claras • 6 cucharadas de harina • 3 cucharadas de salvado de avena • 5 cucharadas de puré de remolachas • 2 pechugas de pollo cocidas • 300 g de queso blanco dietético • 1/2 taza de pepinos agridulces picados • 1 taza de zanahoria rallada

■ CÓMO SE PREPARA

• Batir las claras a punto nieve. Sumar el puré de remolacha, mezclar e incorporar la harina y el salvado de avena, más pizca de sal.

• Integrar y volcar en una placa forrada con papel manteca enmantecado y enharinado, emparejar y hornear a fuego fuerte 10 minutos. Retirar, despegar el papel y arrollar.

• Mezclar el queso blanco con el pollo desmenuzado.

• Desenrollar el pionono. Rellenarlo con la mezcla de pollo.

• Cubrir con los pepinos agridulces y la zanahoria. Enrollar y enfriar 1 hora en la heladera.

• Servir sobre un colchón de escarolas finas y lechuga rizada.

CUÁNDO SE RECOMIENDA

• Para descender de peso, combatir el colesterol alto, la osteoporosis y el estreñimiento, y corregir el desequilibrio nutritivo.

PORQUE

• Por sus bajas calorías. El salvado de avena provee fibra soluble que ayuda a bajar el colesterol. Hay aporte de calcio y vitamina A, dados por el queso y la zanahoria.

Supremas
de pollo al curry

 FÁCIL

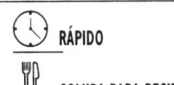 RÁPIDO

 ECONÓMICO

BAJAS CALORÍAS

COMIDA PARA RECIBIR

■ QUÉ SE NECESITA

4 supremas de pollo de buen tamaño • 2 cebollas de verdeo • 1 taza de caldo "verdurasano" (ver receta en este libro) • 1 taza de agua • 1 manzana verde • 100 g de yogur sabor natural • 4 cucharadas de aceite de maíz • 3 cucharaditas de curry mild • 2 cucharaditas de coriandro molido

■ CÓMO SE PREPARA

• Calentar el aceite en una cacerola y dorar de ambos lados las supremas.
• Pelar y rallar la manzana.
• Picar la cebolla de verdeo con parte de sus hojas.
• Retirar las supremas. En el mismo aceite rehogar a fuego suave la cebolla y la manzana con algo de sal.
• Cuando la cebolla esté transparente agregar las especias, el agua y el caldo, revolviendo bien.
• Agregar las supremas y cocinar a fuego bajo, tapado, 10 minutos de cada lado. Retirar las supremas.
• Sumar el yogur y calentar sin que hierva.
• Tamizar, procesar o licuar la salsa. Cubrir con ella las supremas.
• Servir con arroz blanco, puré de manzanas u hortalizas dulces (batata, calabacita, remolacha).

CUÁNDO SE RECOMIENDA	PORQUE
• Para bajar de peso y combatir la hipertensión, el colesterol alto y la osteoporosis.	• Todos los ingredientes son bajos en calorías, sodio y colesterol. Hay buen aporte de calcio.

Ensalada
de pollo, choclo y ananá

 FÁCIL    RÁPIDO    ECONÓMICO

🔼 BAJAS CALORÍAS   🍴 COMIDA PARA RECIBIR

■ QUÉ SE NECESITA

2 pechugas de pollo • 2 ramas de apio • 6 rodajas de ananá al natural •
200 g de granos de choclo amarillo congelados • 1 planta de lechuga
(preferentemente rizada) • ramillete de perejil
Aliño: 100 g de yogur sabor natural • 100 g de mayonesa dietética • 2
cucharaditas de mostaza • 1/2 cucharadita de curry • pimienta blanca, a
gusto.

■ CÓMO SE PREPARA

• Cocinar al vapor las pechugas de pollo unos 11 minutos, poniendo en
el agua de vaporización el ramillete de perejil. Dejar enfriar y filetear.
• Descongelar los granos de choclo y cocinar al vapor 2 minutos (también
se pueden cocinar en microondas 2 minutos).
• Cortar el blanco de apio en finas rodajas.
• Cortar 4 rodajas del ananá en triangulitos. Las 2 rodajas restantes
procesarlas con la mostaza, la mayonesa, el yogur, el curry y la pimienta.
Si es necesario, aligerar este aliño con un poco de agua.
• Tapizar la fuente con las hojas de lechuga. Desplegar encima de ellas
las pechugas fileteadas.
• Ubicar adentro los triangulitos de ananá y en el centro los granos de
choclo. Enfriar 1/2 hora en la heladera.
• Rociar con el aliño de ananá y yogur y servir de inmediato.

CUÁNDO SE RECOMIENDA	PORQUE
• Para bajar de peso, y combatir la hipertensión, el estreñimiento y el colesterol alto.	• Todos los ingredientes son bajos en calorías, sodio y colesterol. Hay aporte de fibra insoluble, que activa la función intestinal, y vitaminas.

Ensalada
de re-pollo

 SUPERFÁCIL

 MUY RÁPIDO

 ECONÓMICO

CALORÍAS INTERMEDIAS

COMIDA DIARIA ESPECIAL

■ QUÉ SE NECESITA

1 repollo blanco chico • 2 pechugas de pollo cocidas • 2 manzanas verdes • 4 ramas de apio sin las hojas • 50 g de pasas de uva rubias sin semilla • 50 g de nueces peladas
Aliño: 3 cucharadas de mayonesa dietética (sin colesterol) • 3 cucharadas de queso blanco dietético • 6 cucharadas de yogur sabor natural • 1 cucharada de miel • 1 cucharada de jugo de limón • 1 cucharadita de jengibre molido

■ CÓMO SE PREPARA

• Partir al medio el repollo y retirarle el tronco. Cortar en finísima juliana.
• Poner en un colador y lavar bajo el chorro de agua fría. Escurrir bien.
• Cortar en cubitos el pollo.
• Descorazonar las manzanas. Cortar en cuartos y luego en delgadas tajadas.
• Cortar el apio en diagonal en trozos de no más de 3 mm.
• Aparte, mezclar la miel con el jugo de limón. Agregar el queso blanco y el yogur, batir, sumar el jengibre, batir.
• Por último, agregar la mayonesa y mezclar.
• Ubicar el pollo en el centro de una fuente redonda. Rodear con las pasas de uva y las nueces.
• Alrededor esparcir la juliana de repollo mezclada con el apio.
• Bordear todo con las tajadas de manzana. Rociar con el aliño y servir.

CUÁNDO SE RECOMIENDA	PORQUE
• Para la etapa de mantenimiento de peso y para combatir el colesterol alto, la hipertensión, la osteoporosis y el estreñimiento.	• Todos los componentes son bajos en sodio y colesterol. La abundancia de fibra normaliza la función intestinal, y el calcio fortalece los huesos.

Ave con sorpresa

 ELABORADO    NO TAN RÁPIDO    MENOS ECONÓMICO

ALTAS CALORÍAS   COMIDA PARA RECIBIR

■ QUÉ SE NECESITA

1 pollo de aproximadamente 2 kg, entero • 100 g de queso de máquina • 1 lata pequeña de palmitos • 150 de jamón cocido desgrasado• 1 sobre de gelatina sin sabor • 4 cucharadas de aceite de maíz • 2 cucharaditas de curry

■ CÓMO SE PREPARA

• Para deshuesar el pollo hay que "sentarlo" y con un pequeño cuchillo cortarle la articulación superior del ala.

• Luego se empieza en la parte de atrás a despegar la carne del cogote y del espaldar con el cuchillo. Hacer el mismo trabajo en la zona delantera.

• En la parte de atrás, cuando se llega al muslo, se lo descarna y se corta la articulación con la pata, dejando ésta para que el pollo tenga buena forma.

• Finalmente se retira por arriba toda la carcaza.

• Coser con punto sutura (de adentro hacia afuera, sin hacer nudos, y dejando al final una colita de hilo).

• Rellenar por el otro lado poniendo primero el jamón, luego los palmitos partidos al medio a lo largo. Espolvorearlos con la gelatina sin sabor y terminar con una capa de queso. Cerrar también con punto sutura. Atar las patas y las alas para darle forma.

• Ubicarlo en una fuente para horno que no sea mucho más grande que el ave rellena.

• Mezclar el aceite con el curry y untar con esta mezcla el ave por todos lados. Cocinar en horno moderado 60 minutos.

• Retirar, dejar reposar unos 5 minutos y sacarle los hilos.

• Enfriar 3 o 4 horas en la heladera. Retirar y cortar de adelante hacia atrás.

• Ideal para acompañar con distintas ensaladas.

CUÁNDO SE RECOMIENDA	PORQUE
• Para combatir la osteoporosis y corregir el desequilibrio nutritivo.	• Aporta proteínas de primera calidad y buena cantidad de calcio.

Terrine de ave y brócoli

 ELABORADO    NO TAN RÁPIDO    ECONÓMICO

△ BAJAS CALORÍAS   ⑂ COMIDA PARA RECIBIR

■ QUÉ SE NECESITA

500 g de pechugas de ave sin piel • 400 g de ricota descremada • 1/2 atado de brócoli • 2 sobres de gelatina sin sabor o 2 cucharaditas de agar-agar • 2 ramas de romero fresco o 3 cucharaditas de romero seco • 1 limón • 2 dientes de ajo • 1 cucharadita de jengibre molido

■ CÓMO SE PREPARA

• Cortar las flores de brócoli dejándole 1 cm de tallo. Cocinar al vapor 1 y 1/2 minuto. Enfriar.

• Rallar el limón hasta obtener 1 cucharadita de ralladura. Reservar. Exprimir el limón.

• Ubicar las pechugas en el vaporizador y rociar con el jugo de limón.

• Poner en el agua de vaporización el romero. Vaporizar durante 12 minutos (recordar que el tiempo de vaporización se cuenta desde el momento que comienza a hervir el agua).

• Retirar, entibiar y procesar. Mezclar con la ricota.

• Picar los dientes de ajo y sumar a lo anterior junto con el jengibre y la cucharadita de ralladura de limón reservada.

• Diluir la gelatina en 1/4 de taza de agua y llevar al fuego hasta que rompa el hervor (no se debe revolver sobre el fuego).

• Retirar, entibiar e incorporar a la mezcla de ricota y pollo mezclando bien para que la preparación resulte homogénea.

• Cubrir el fondo de un molde de *terrine* con papel manteca humedecido.

• Llenar hasta la mitad del molde con la mezcla de ricota y pollo.

• Insertar verticalmente los ramitos de brócoli separados por 2 cm. Cubrir con el resto de la mezcla. Enfriar varias horas en la heladera.

• Servir cortado en tajadas, con una salsa fría y ensaladas.

CUÁNDO SE RECOMIENDA	PORQUE
• Para bajar de peso y combatir la osteoporosis, el estreñimiento y el colesterol alto.	• Los ingredientes son de bajas calorías. La ricota aporta calcio, y el brócoli, fibra soluble, que ayuda a bajar el colesterol, e insoluble, que regulariza el intestino.

Pechuguitas a la albahaca

 FÁCIL

 RÁPIDO

 MENOS ECONÓMICO

BAJAS CALORÍAS

COMIDA PARA RECIBIR

■ QUÉ SE NECESITA

4 pechugas de pollo deshuesadas • 2 blancos de puerro • 2 cebollas de verdeo • 200 g de champiñones frescos (u otro hongo fresco de su agrado) • 1 planta de albahaca fresca • 200 g de yogur sabor natural • 1 taza de caldo "verdurasano" (ver receta en este libro) • 3 cucharadas de aceite de oliva • 1/2 cucharadita de nuez moscada rallada

■ CÓMO SE PREPARA

• Cortar en juliana la cebolla de verdeo (sin las hojas) y el puerro.
• En una cacerola antiadherente poner el aceite junto con el puerro y la cebolla de verdeo.
• Cocinar tapado a fuego suave, revolviendo cada tanto, hasta que transparenten.
• Incorporar las pechugas, los champiñones y el caldo "verdurasano", cocinando a fuego moderado, siempre tapado, 10 minutos.
• Mientras tanto, lavar la albahaca y retirar todas las hojitas de los tallos. Picar con un cuchillo que no oxide (ya que tiene mucho hierro).
• Mezclar la albahaca picada con el yogur y la nuez moscada.
• Agregar a la cacerola, mezclando bien. Cocinar destapado a fuego moderado 5 minutos más.
• Servir con una guarnición de cereales.

CUÁNDO SE RECOMIENDA

• Para bajar de peso y combatir la hipertensión, el colesterol alto y la osteoporosis.

PORQUE

• Es un plato bajo en calorías, grasas, sodio y colesterol. La ricota aporta calcio, y la albahaca, además de su inconfundible sabor, hierro.

Moldeado de pollo al enebro

 FÁCIL

 RÁPIDO

 ECONÓMICO

⌂ BAJAS CALORÍAS

🍴 COMIDA PARA RECIBIR

■ QUÉ SE NECESITA

1 pollo de 2 kg • 2 puerros • 2 cebollas de verdeo • 1 pimiento morrón rojo • 1 cucharadita de bayas de enebro • 3 cucharaditas de coriandro molido • 1 y 1/2 cucharadita de jengibre molido • 1/4 taza de vino blanco • 1/2 taza de agua • 2 sobres de gelatina sin sabor

■ CÓMO SE PREPARA

• Sacarle la piel al pollo y cortar en 8. Cocinar al vapor durante 25 minutos. Retirar, dejar enfriar y descarnar los huesos.

• Procesar apenas el pollo (si se procesa mucho tiempo se obtendrá una pasta).

• Cortar los puerros y las cebollas de verdeo en fina juliana y luego picarlos.

• Cortar el pimiento morrón en cuadraditos.

• Cocinar los puerros, las cebollas de verdeo y el pimiento morrón en una cacerolita tapada con el vino y el agua.

• Una vez cocido, colar todo, reservar el líquido de cocción.

• Picar las bayas de enebro.

• Mezclar el pollo procesado con los puerros, las cebollas y el pimiento morrón. Condimentar con el enebro, el coriandro y el jengibre.

• Diluir la gelatina sin sabor en el líquido de cocción filtrado frío y calentar sobre el fuego hasta que rompa el hervor. Incorporar a los demás ingredientes mezclando bien.

• Volcar en un molde de *terrine* o de budín inglés previamente humedecido y enfriar varias horas en la heladera.

• Desmoldar, cortar en porciones y servir con ensaladas crudas.

CUÁNDO SE RECOMIENDA	PORQUE
• Para bajar de peso y combatir el colesterol alto y la hipertensión.	• Es un plato bajo en grasas y calorías, con aceptable nivel de sodio y colesterol.

Ave al jengibre

FÁCIL   RÁPIDO   MENOS ECONÓMICO

ALTAS CALORÍAS   COMIDA PARA RECIBIR

■ QUÉ SE NECESITA

1 pollo de 2 kg sin piel ni grasa • 4 peras • 200 g de dulce de frambuesas • 1 cucharada de mostaza • 10 cucharadas de miel • 5 cucharadas de aceto balsámico • 5 cucharadas de vino blanco • 2 cucharaditas de jengibre • 2 cucharaditas de semillas de mostaza molidas • jugo de limón, cantidad necesaria

■ CÓMO SE PREPARA

• Diluir la miel con el vino y el aceto balsámico.
• Sumar 1 cucharadita de jengibre y las semillas de mostaza molidas. Mezclar bien.
• Poner el ave entera, debidamente atada para mantener la forma, en una rejilla de metal sobre una fuente para horno con agua.
• Con la mitad de la mezcla pincelar el ave por todos lados. Cocinar en horno a temperatura moderada durante 45 minutos y pincelar con el resto de la mezcla a mitad de cocción.
• Mientras tanto, pelar las peras, partirlas al medio y sacarles las semillas. Ponerlas en un bol con agua y abundante jugo de limón.
• Cocinarlas al vapor rociándolas con jugo de limón.
• Mezclar el dulce de frambuesas con la restante cucharadita de jengibre.
• Salsear las peras colocadas previamente en una fuente para horno. Calentar unos minutos.
• Presentar el ave en una fuente rodeada de las mitades de peras.

CUÁNDO SE RECOMIENDA	PORQUE
• Para combatir la hipertensión, el colesterol alto y el estreñimiento.	• Los ingredientes son bajos en sodio y colesterol. Aporta fibras, potasio y vitaminas. Puede evitarse la sal pues el agridulce disimula su ausencia.

Budín del gallinero

(Ver foto)

🍳 SUPERFÁCIL	🕐 MUY RÁPIDO	💲 ECONÓMICO
⌂ CALORÍAS INTERMEDIAS	🍴 COMIDA DIARIA ESPECIAL	

■ QUÉ SE NECESITA

2 tazas de pollo crudo picado • 1/2 taza de zanahoria rallada • 1/2 taza de choclo desgranado • 1/2 taza de arvejas descongeladas • 1/2 taza de cebolla picada • 1 taza de salvado de avena • 2 claras • 1 cucharadita de jengibre • 2 cucharaditas de tomillo • semillas de sésamo, a gusto

■ CÓMO SE PREPARA

• Mezclar todos los ingredientes en un bol, menos las semillas de sésamo.
• Espolvorear el fondo de un molde rectangular aceitado con semillas de sésamo.
• Echar dentro la mezcla, presionando bien para que quede compacto, y espolvorear nuevamente con semillas de sésamo.
• Cocinar en horno moderado durante 45 minutos aproximadamente
• Retirar el budín, desmoldar y servir cortado en rodajas, salseado con el ketchup bajas calorías (receta en este libro).

CUÁNDO SE RECOMIENDA	PORQUE
• Para combatir el colesterol alto, la hipertensión y el estreñimiento y corregir el desequilibrio nutricional.	• El salvado de avena aporta fibra soluble que ayuda a bajar el colesterol. Las hortalizas aportan variadas vitaminas y fibra. Es bajo en grasas y colesterol, con aceptable nivel de calorías y sodio.

Pollo mediterráneo

 FÁCIL

 RÁPIDO

 ECONÓMICO

ALTAS CALORÍAS

COMIDA PARA RECIBIR

■ QUÉ SE NECESITA

1 pollo de 2 kg • 100 g de aceitunas negras • 6 filetes de anchoas • 3 dientes de ajo • 1 taza de caldo "verdurasano" (ver receta en este libro) • 1/2 taza de puré de tomate (preferentemente casero) • 1/2 taza de vino blanco • 4 cucharadas de aceite de oliva • 1 hoja de laurel • 1 ramito de perejil • 2 cucharaditas de pimentón dulce

■ CÓMO SE PREPARA

• Sacarle la piel al pollo y desgrasarlo meticulosamente. Cortarlo en 8 presas.

• Ubicarlo sobre una rejilla de metal arriba de una fuente con agua y cocinar en horno fuerte durante 15 minutos. Retirar.

• Picar el ajo con las anchoas.

• Calentar el aceite de oliva junto con la pasta de ajo y anchoas a fuego suave. Cuando burbujee un par de minutos, agregar el vino. Reducir. Agregar la hoja de laurel, el puré de tomates y el caldo.

• Incorporar el pollo a la cacerola y cocinar tapado a fuego moderado 20 minutos.

• Descarozar las aceitunas y cortar en rueditas. Hervirlas en abundante agua durante 5 minutos. Colar.

• Sumar a la cacerola a los 20 minutos de cocción junto con el pimentón. Cocinar otros 10 minutos.

• Picar las hojas de perejil.

• Servir el pollo con su salsa, espolvoreando con el perejil fresco.

CUÁNDO SE RECOMIENDA	PORQUE
• Para combatir el colesterol alto y la falta de energía.	• Las aceitunas aportan grasas monoinsaturadas que ayudan a bajar el colesterol, y un caudal de calorías y nutrientes que producen alta energía.

Pollo a las hierbas con hortalizas al vapor

(Ver foto)

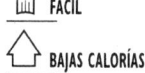 FÁCIL

BAJAS CALORÍAS

RÁPIDO

COMIDA DIARIA ESPECIAL

ECONÓMICO

■ QUÉ SE NECESITA

1 pollo de 2 kg • 1 pocillo de aceite de oliva • 1/2 pocillo de jugo de limón • 2 cucharaditas de jengibre seco molido • 1/2 litro de leche descremada • 2 cucharadas de fécula de maíz • 1 atado de ciboulette fresca • 5 ramitas de perejil • 5 ramitas de tomillo o romero fresco • 1 atado de brócoli • 3 zanahorias

■ CÓMO SE PREPARA

• Desgrasar el pollo y sacarle la piel. Atarlo para darle buena forma.
• Mezclar el jengibre molido con la mitad del aceite de oliva, el jugo de limón y sal.
• Ubicar el ave sobre una rejilla de metal en una fuente que contenga agua (de esta manera se desgrasará aún más durante la cocción). Pincelarla con la mitad de la mezcla de jengibre. Cocinar en horno moderado durante 15 minutos. Volver a pincelar y cocinar 35 minutos más.
• En una cacerolita diluir la fécula con la leche. Llevar al fuego y revolver hasta que hierva 1 minuto.
• Retirar y sumar el resto del aceite de oliva, las hierbas frescas picadas y salar a gusto.
• Cortar los tallos del brócoli. Cocinar al vapor 1 y 1/2 minuto. Reservar.
• Cortar la zanahoria en rodajas. Cocinar al vapor 4 minutos. Reservar.
• Presentar el ave en una fuente cubierta con la salsa y ubicar en derredor las hortalizas al vapor.

CUÁNDO SE RECOMIENDA	PORQUE
• Para bajar de peso y combatir el colesterol, la hipertensión, la osteoporosis y el estreñimiento.	• Todos los ingredientes son bajos en calorías, grasas, sodio y colesterol. Los lácteos aportan calcio, y las hortalizas, fibras insolubles.

Pollo
de onda

 SUPERFÁCIL    MUY RÁPIDO    MUY ECONÓMICO

BAJAS CALORÍAS   COMIDA DIARIA ESPECIAL

■ QUÉ SE NECESITA

1 *pollo de 1,800 kg* • *1 naranja* • *4 cucharaditas de hojas de eneldo* •
1 cucharadita de fenogreco molido • *2 zanahorias* • *2 zucchini* • *1 cucharada
de aceite de oliva* • *1/2 taza de agua* • *pimienta blanca recién molida, a
gusto*

■ CÓMO SE PREPARA

• Desgrasar todo el pollo, retirando piel y toda grasa visible. Cortar en 8
presas.
• Poner el pollo en una fuente térmica.
• Exprimir la naranja y rociar con su jugo el ave. Espolvorear con las
hojas de eneldo fresco o seco y el fenogreco.
• Tapar con papel film y cocinar en horno microondas a potencia máxima
aproximadamente 19 minutos. Retirar y dejar reposar.
• Cortar en rodajas de 2 mm las zanahorias y de 4 mm los *zucchini*.
• Colocar las zanahorias con el agua en un bol, tapar con papel film y
cocinar en horno microondas a potencia máxima 3 minutos.
• Incorporar los *zucchini* y el aceite, mezclar y volver a tapar, cocinando
3 minutos más.
• Servir el pollo salseado con los jugos de cocción y guarnecido con las
zanahorias y *zucchini*.

CUÁNDO SE RECOMIENDA	PORQUE
• Para bajar de peso, combatir la hipertensión y el colesterol alto y corregir el desequilibrio nutritivo.	• Los ingredientes son bajos en calorías y colesterol, con sodio controlado. Aportan diversos nutrientes.

Todo sobre las proteínas

Las proteínas, después del agua, son el principal componente del cuerpo humano, pues representan el 15% de su peso. Esto se debe a que **forman la estructura básica de nuestro organismo y son importantísimas para constituir células, músculos y tejidos.** Específicamente son una sustancia orgánica compuesta por hidrógeno, oxígeno, carbono y nitrógeno. Estas grandes moléculas están formadas por la unión de moléculas más pequeñas llamadas **aminoácidos.** De la configuración de hidrógeno, oxígeno, carbono y nitrógeno surgen los 20 aminoácidos. Ocho de ellos se consideran esenciales, pues el organismo por sí mismo no puede elaborarlos. Ellos son: **lisina, metionina, treonina, triptófano, valina, leucina, isoleucina y fenilalanina.**

De acuerdo con la función específica que desarrollan **hay distintas clases de proteínas:**

• De *transporte*, como la mioglobina, que transporta el oxígeno a los músculos, y la hemoglobina, que transporta el oxígeno a la sangre.

• De *reserva*, como la caseína, que se encuentra fundamentalmente en la leche, y la albúmina presente en los huevos, y la gliadina, que abunda en los cereales.

• *Estructurales,* como el colágeno, indispensable para huesos, tendones y cartílagos, y la queratina, localizada en el cabello y las uñas.

• *Musculares,* como la actina y la miosina.

• *Hormonales,* como la insulina, que regula el metabolismo de la glucosa y las hormonas de crecimiento.

Vista la importancia que tienen las proteínas para nuestra salud debemos tener en cuenta que es aconsejable incluir un 15% de ellas en nuestras calorías diarias. **Como todo, en exceso pueden producir un efecto no deseado: la gordura, pues el excedente de proteínas se convierte en grasa, que se traduce en "rollitos".**

Ya dijimos que las proteínas están compuestas por aminoácidos. Ahora bien, cuando un alimento posee una proporción de aminoácidos esenciales adecuada a las necesidades de nuestro cuerpo, se las denomina de **alto valor biológico.** Un ejemplo de este tipo de proteínas son las carnes (vacuna, ave y pescado), la leche, los huevos, el queso. **Pero si un alimento rico en proteínas no posee todos los aminoácidos esenciales no debe ser dejado de lado;** simplemente tiene que ser combinado con otro que tenga lo que a él le falta. Este concepto se llama **complementación proteica** y el más clásico ejemplo es el del guiso de arroz y lentejas o el clásico postre de arroz con leche. Basándonos en este concepto, podemos realizar un consumo más intenso de hortalizas, cereales y legumbres para cubrir nuestra necesidad de proteínas. Encontrará muchos ejemplos prácticos en las recetas de este libro.

CAPÍTULO 9

Las carnes: cómo disfrutarlas sin culpa

Ventajas y desventajas de las carnes rojas

Si bien dentro de las carnes tendríamos que incluir las aves, pescados y mariscos, en este capítulo en particular nos vamos a concentrar en las carnes rojas.

Este grupo de carnes está compuesto por la carne vacuna, el cerdo y el cordero. Podemos decir que de las tres clases la primera es la carne más magra, lo que fácilmente se comprueba al analizar que, cada 100 gramos, la carne de vaca magra tiene 6,5 gramos de grasa, mientras que el cordero magro tiene 10 gramos, y el cerdo, 18 gramos.

De todos modos, la clave para determinar el consumo de una carne reside en la selección de los cortes con menor grasa.

En la carne vacuna los cortes con menos grasa son el lomo (6,5 g c/100g), el peceto (7 g c/100 g), el cuadril (6 g c/100 g), la aguja (7,5 g c/100 g) y la nalga (9 g c/100 g). Siempre se debe preferir carne de ternera, con poca grasa visible.

La carne de cordero, a la que **sí o sí** hay que sacarle la grasa antes de cocinar, tiene como cortes más magros la pierna (8 g c/100 g) y la paleta (10 g c/100 g).

Y en cuanto al cerdo, también el lomo es bajo en lípidos (8 g c/100 g); la proporción es más alta en las costillas (12 g c/100 g), el carré (14 g c/100 g) y la bondiola (17 g c/100 g). **Obviamente, el tocino es prohibitivo: ¡84 g de grasa c/100 g!**

¿Pero lo único que nos aportan las carnes es grasa? Para nada. Brindan:

• **Proteínas** de alto valor nutricional (aproximadamente 20 g c/100 g), ya que tienen todos los aminoácidos que el cuerpo necesita, indispensables para el crecimiento y mantenimiento de los músculos y tejidos.

• **Vitaminas**, principalmente del grupo B, como la B1, que ayuda al funcionamiento del corazón y del sistema nervioso; B2, que facilita la utilización del oxígeno a las células, B3, que disminuye el colesterol y los lípidos en sangre; B5, que optimiza la energía; B6, que mantiene la buena circulación de la sangre; B9, que ayuda a la formación de los glóbulos rojos y blancos, y B12, que colabora en el desarrollo de los glóbulos rojos.

• **Minerales**, fundamentalmente hierro en una cantidad difícil de encontrar en otros alimentos y de una calidad única que permite que sea absorbido casi en su totalidad por el organismo (necesario para el cerebro y el rendimiento físico); fósforo, que es muy importante para la formación y mantenimiento de huesos; cobre, que ayuda a la absorción del hierro y da el color rojo a la sangre, y cinc, que es importante para la piel, el cabello y los huesos.

Pero como todo lo bueno en demasía se convierte en malo, lo que hay que tener **muy en cuenta** es la cantidad de carne que se consume. Nutricionalmente varía de acuerdo con la edad y las exigencias físicas a las que está sometida la persona, pero **en general se recomienda un promedio de 250 g por día**, algo así como un *pequeño* churrasco.

Con todos estos datos en la cabeza, demostremos que de carne somos y pasemos a las recetas.

Carne
de Oriente

 **ELABORADO**

 **NO TAN RÁPIDO**

 **MENOS ECONÓMICO**

△ **BAJAS CALORÍAS**

🍴 **COMIDA PARA RECIBIR**

■ QUÉ SE NECESITA

12 milanesas de peceto • 2 manzanas verdes grandes • 1/2 repollo blanco • 2 cucharaditas de semillas de apio • 1/2 cucharadita de comino • 1 taza de caldo "verdurasano" (ver receta en este libro) • 200 g de yogur sabor natural • 1 cucharadita de cúrcuma • 2 cucharaditas de curry mild

■ CÓMO SE PREPARA

• Aplastar las milanesas para dejarlas bien finas.

• Cortar el centro del repollo y desecharlo. Hacer con el resto una finísima juliana. Cocinar al vapor 2 minutos.

• Rallar las manzanas sin pelarlas.

• Mezclar el repollo con la manzana, el comino y las semillas de apio. Dividir este relleno en 12 porciones iguales.

• Poner en un extremo de la milanesa una porción de relleno y arrollar. Trabar con un palillo.

• Reiterar el procedimiento con el resto de las milanesas.

• Acomodar los rollitos en una cacerola (en lo posible antiadherente), cubrir con el caldo "verdurasano", agregar la cúrcuma y cocinar tapado a fuego suave 10 minutos.

• Incorporar el yogur mezclado con el curry y calentar sin dejar que hierva. Apagar el fuego, tapar y dejar reposar 5 minutos.

• Servir con arroz blanco o con arroz Pilaf (receta en este libro).

CUÁNDO SE RECOMIENDA	PORQUE
• Para bajar de peso y combatir el colesterol alto, la hipertensión, la osteoporosis y el estreñimiento.	• Todos los ingredientes son bajos en calorías, grasa, sodio y colesterol. Los lácteos aportan una importante cantidad de calcio, y la manzana y repollo brindan fibra insoluble, que ayuda a regularizar el intestino.

Lomo verde

(Ver foto)

 SUPERFÁCIL

 MUY RÁPIDO

 MENOS ECONÓMICO

BAJAS CALORÍAS

COMIDA PARA RECIBIR

■ QUÉ SE NECESITA

1 lomo de 1 y 1/2 kg • 1 ramito de perejil fresco • 1 atado de ciboulette • 1 atadito de hojas de apio • 1 ramito de tomillo o romero fresco • 2 dientes de ajo • 2 cucharaditas de mostaza tipo Dijon • 6 cucharadas de aceite de oliva • 2 cucharaditas de chile o salsa tabasco

■ CÓMO SE PREPARA

• Desgrasar el lomo. Hacerle cortes superficiales en forma de enrejado.
• Picar finamente el ajo.
• Picar las hojas de perejil, apio, tomillo o romero y *ciboulette*.
• Volver a picar todo junto hasta obtener casi una pasta. Agregar el chile, la mostaza y el aceite.
• Cubrir el lomo con esta mezcla por todos lados.
• Colocar en una fuente en que quepa ajustadamente. Cocinar en horno moderado durante 35 minutos.
• Apagar el horno y dejar reposar la carne adentro 10 minutos más. Retirar, cortar en tajadas y servir con hortalizas al vapor.
• Este plato se puede servir tanto frío como caliente.

CUÁNDO SE RECOMIENDA	PORQUE
• Para bajar de peso y combatir el colesterol alto, la anemia y la hipertensión.	• Es un plato bajo en calorías, sodio y colesterol. Aporta importantes nutrientes y minerales: entre ellos, se destaca el hierro.

Milanesas rellenas de bajo colesterol

 **ELABORADO**

 **NO TAN RÁPIDO**

 **ECONÓMICO**

BAJAS CALORÍAS

COMIDA DIARIA

■ QUÉ SE NECESITA

8 milanesas de nalga o peceto totalmente desgrasadas • 1 atado de brócoli previamente cocido al vapor • 300 g de queso blanco dietético • 3 dientes de ajo picados • 3 cucharadas de perejil fresco picado • 1 y 1/2 cucharadita de jengibre molido • 4 claras • salvado de avena, cantidad necesaria

■ CÓMO SE PREPARA

• Procesar el brócoli, mezclar con el queso blanco y 3 cucharadas de salvado de avena. Condimentar con el jengibre y la mitad del ajo picado.
• Aplastar la carne de las milanesas. Poner en el medio un poco del relleno del brócoli y plegar cada milanesa a la mitad, cuidando que el relleno no llegue hasta los bordes. Presionar para unir.
• Batir apenas las claras con el resto del ajo y el perejil.
• Pasar cada milanesa plegada por el batido de claras y luego por el salvado de avena.
• Aceitar apenas una fuente para horno (esto se puede obviar si es una fuente antiadherente) y ubicar las milanesas plegadas y rebozadas sin encimar.
• Cocinar en horno moderado aproximadamente 6 minutos de cada lado o hasta que tomen un tono ligeramente dorado.
• Servir con ensaladas.

CUÁNDO SE RECOMIENDA
• Para bajar de peso y combatir el colesterol alto, la hipertensión, la anemia y el estreñimiento.

PORQUE
• Los ingredientes son muy bajos en calorías, sodio y colesterol. La carne aporta proteínas de alto valor biológico y minerales. El salvado de avena y el brócoli tienen alta proporción de fibras solubles e insolubles.

Cuadril al ajo

 FÁCIL

 RÁPIDO

 ECONÓMICO

BAJAS CALORÍAS

COMIDA PARA RECIBIR

■ QUÉ SE NECESITA

1 colita de cuadril • jugo de 1/2 limón • 1/4 litro de leche descremada • 1 cucharada de fécula de maíz • 3 cabezas de ajo • 1/4 litro de caldo "verdurasano" (ver receta en este libro) • 1 hoja de laurel • pimienta blanca recién molida a gusto

■ CÓMO SE PREPARA

• Cocinar la colita de cuadril a la parrilla, rociando cada tanto con el jugo de limón (calcular 35 minutos de cocción por kilo de carne).

• Separar los dientes de ajo y aplastar sin pelar. Ponerlos en una cacerolita junto con la hoja de laurel, el caldo y la leche y hervir a fuego muy bajo hasta que los dientes de ajo prácticamente se desarmen al pincharlos.

• Pasar la salsa por colador o tamiz, presionando para extraer bien la pulpa de los ajos, desechando la piel y la hoja de laurel.

• En otra cacerolita poner la fécula y sumar de a poco la salsa tamizada, mezclar. Calentar sobre el fuego revolviendo continuamente hasta que hierva y espese.

• Retirar la colita de cuadril de la parrilla, dejar reposar 5 minutos y cortar en rebanadas.

• Servir la carne cubriéndola con la salsa de ajo.

• Acompañar con papas al vapor.

⇥ **ESTÁ DEMOSTRADO QUE EL AJO, POR SU ALTO CONTENIDO DE BISULFATO DE ALILO, ES MUY EFECTIVO PARA BAJAR LA PRESIÓN SANGUÍNEA.**

CUÁNDO SE RECOMIENDA	PORQUE
• Para bajar de peso y combatir la hipertensión, el colesterol alto y la osteoporosis.	• Los ingredientes son bajos en calorías, sodio y colesterol. Hay aporte de calcio, hierro y otros minerales.

Peceto
al azafrán

FÁCIL   RÁPIDO   MENOS ECONÓMICO

BAJAS CALORÍAS   COMIDA PARA RECIBIR

■ QUÉ SE NECESITA

1 peceto de aproximadamente 1 y 1/2 kg • 6 cucharadas de aceite de maíz u oliva • 1 copita de coñac • 3 tazas de vino blanco • 2 cebollas • 3 hojas de laurel • 1/2 gramo de hebras de azafrán o 2 cápsulas de azafrán • 3 cucharadas de aceite de oliva • 3 cucharadas de harina

■ CÓMO SE PREPARA

• Desgrasar bien el peceto sin romperlo ni cortarlo.
• Calentar el aceite de maíz en una sartén (en lo posible antiadherente) y dorarlo de todos lados. Agregar el coñac y flambear.
• Poner en una fuente 1 cebolla cortada en trozos y las hojas de laurel. Cubrirlas con agua y colocar encima una rejilla de horno.
• Ubicar sobre la rejilla el peceto y cocinarlo en el horno durante 50 minutos aproximadamente.
• Mientras tanto, en un jarrito poner el vino blanco con el azafrán y la otra cebolla cortada en trozos.
• Reducir hasta obtener 1 y 1/2 taza de vino. Colar y volver al fuego.
• Hacer una pasta con el aceite de oliva y la harina, y echar de a poco esta mezcla en el vino, mientras se revuelve, para que espese.
• Retirar el peceto del horno, cortar en rodajas y servir con la salsa de azafrán.

CUÁNDO SE RECOMIENDA	PORQUE
• Para bajar de peso y combatir la debilidad o anemia, el colesterol alto y la hipertensión.	• Es un corte vacuno magro, con bajo nivel de sodio, colesterol y calorías. Aporta importantes nutrientes, vitaminas y hierro.

Lomo en croûte

🎩 ELABORADO   🕐 NO TAN RÁPIDO $ MENOS ECONÓMICO

🏠 CALORÍAS INTERMEDIAS   🍴 COMIDA PARA RECIBIR

■ QUÉ SE NECESITA

1 lomo de 1kg • 1 atado de hojas de rúcula o acedera • 2 zanahorias • 3 cucharadas de aceite de oliva • 3 cucharaditas de semillas de mostaza • 2 cucharaditas de tomillo • 1 y 1/2 cucharadita de jengibre • 1 cucharada de semillas de apio • 1/2 cucharada de mostaza en pasta • 1 clara
Masa: 1 y 1/2 taza de harina blanca • 1 taza de harina integral superfina • 6 cucharadas de aceite de maíz • 3/4 de cucharadita de sal • aproximadamente 1/2 taza de leche descremada

■ CÓMO SE PREPARA

• Desgrasar meticulosamente el lomo y retirarle el cordón. Ubicarlo sobre una rejilla de metal sobre una fuente con agua y cocinar en horno fuerte 15 minutos. Retirar y enfriar en la heladera 30 minutos.

• Mientras tanto, hacer la masa: poner todos los ingredientes menos la leche en la procesadora.

• Procesar, agregando la leche de a chorritos hasta que se forme un bollo (de ser necesario, incorporar más leche).

• Estirar la masa, en forma de rectángulo, con palo de amasar sobre superficie enharinada dejándola de aproximadamente 3 mm de espesor y un poco más larga que el lomo cocido.

• Pincelar con la mostaza en pasta.

• Mezclar el aceite con las semillas de mostaza molidas, el tomillo y el jengibre.

• Untar con esta mezcla la carne fría y salar.

• Lavar las hojas de rúcula o acedera, cortar los tallitos y secar bien.

• Cortar las zanahorias "a pelapapa" de modo de obtener fetas muy delgadas.

• Cubrir la parte central de la masa —todo a lo largo— con la zanahoria y salar. Poner encima las hojas de rúcula o acedera.

• Acomodar el lomo sobre este colchón de zanahoria y rúcula. Envolverlo con la masa, plegándola por el centro, sin cerrar las puntas.

• Cortar el exceso de masa y con cortapastas cortar tréboles, medialunitas o lo que se desee.

• Pincelar la masa con la clara apenas batida y pegar las formas cortadas.

- Espolvorear con las semillas de apio. Ubicar en una fuente antiadherente pincelada con aceite.
- Cocinar en horno fuerte los primeros 10 minutos y luego en horno moderado 10 minutos más. Apagar el fuego y dejar reposar unos 15 minutos para no perder los jugos.
- Acomodar en una fuente y guarnecer con hojas verdes (escarolas, lechugas).
- Cortar en la mesa.

CUÁNDO SE RECOMIENDA	PORQUE
• Para combatir la anemia, el colesterol alto, la hipertensión y el estreñimiento.	• Los ingredientes son bajos en colesterol, sodio y grasas. La carne aporta hierro y proteínas y los vegetales proveen vitaminas, caroteno y fibras.

Peceto a la leche

■ QUÉ SE NECESITA

1 kg de peceto • 1 y 1/2 litro de leche • 4 cucharadas de aceite de oliva • 1/4 de cucharadita de nuez moscada rallada • pimienta blanca recién molida, a gusto

■ CÓMO SE PREPARA

• Desgrasar meticulosamente el peceto.

• Calentar el aceite en una cacerola pequeña, donde la carne quepa muy ajustadamente. Dorarla a fuego fuerte de todos lados.

• Agregar 1/2 litro de leche y cocinar a fuego bajo hasta que se haya consumido.

• Incorporar entonces otro 1/2 litro de leche y esperar nuevamente su reducción.

• Finalmente poner el resto de la leche y la nuez moscada y mantener la cocción hasta que quede una salsa corta.

• Retirar el peceto de la cacerola y cortar en finas rodajas. Colar la salsa y condimentar con la pimienta.

• Bañar con ella la carne y servir con hortalizas al vapor.

CUÁNDO SE RECOMIENDA	PORQUE
• Para bajar de peso y combatir la hipertensión, la anemia, la osteoporosis y el colesterol alto.	• Los ingredientes aportan gran cantidad de minerales, calcio, hierro y proteínas con un nivel aceptable de colesterol y sodio.

Lomo a las hierbas

 SUPERFÁCIL

 RÁPIDO

 MENOS ECONÓMICO

BAJAS CALORÍAS

COMIDA PARA RECIBIR

■ QUÉ SE NECESITA

1 lomo de aproximadamente 1,250 kg • 4 cucharadas de aceite de maíz • 1 taza de leche descremada • 3 cucharadas de aceite de oliva • 4 cucharaditas de fécula de maíz • 2 cucharaditas de estragón • 2 cucharaditas de mejorana • 2 cucharaditas de romero • pimienta blanca recién molida, a gusto

■ CÓMO SE PREPARA

- Untar el lomo con el aceite de maíz. Cocinar a la parrilla 35 minutos.
- En una cacerolita unir la fécula con el aceite de oliva. Diluir agregando la leche de a poco.
- Cocinar sobre el fuego revolviendo continuamente hasta que hierva.
- Retirar del fuego y agregar a la salsa las hierbas y la pimienta.
- Salsear el lomo y servirlo con guarnición de hortalizas.

CUÁNDO SE RECOMIENDA
- Para bajar de peso y combatir el colesterol alto, la hipertensión, la osteoporosis y la anemia.

PORQUE
- Los ingredientes son bajos en calorías y colesterol. Aportan hierro y calcio en buena cantidad.

Conejo
al pomodoro

 FÁCIL

 BAJAS CALORÍAS

 RÁPIDO

 COMIDA PARA RECIBIR

 MENOS ECONÓMICO

■ QUÉ SE NECESITA

1 conejo de 1 y 1/2 kg • 6 tomates perita rojos pero firmes • 1 cucharada de extracto de tomate • 4 cucharadas de aceite de maíz • 1 rama de apio • 2 dientes de ajo • 1 cebolla • 1 zanahoria • 2 blancos de puerro • 1 hoja de laurel • 2 cucharaditas de salvia • 2 cucharadas de perejil fresco picado • 3/4 de taza de vino blanco seco • 3/4 de taza de caldo "verdurasano" (ver receta en este libro) • pimienta blanca y harina, cantidad necesaria

■ CÓMO SE PREPARA

• Trozar el conejo o pedirle al vendedor que lo haga, desechar la cabeza. Empolvar los trozos con harina.

• Calentar el aceite de maíz y dorar el conejo.

• Mientras tanto, picar el ajo, el puerro, el apio y la cebolla. Rallar la zanahoria.

• Retirar el conejo y en la misma cacerola rehogar a fuego suave todas las hortalizas, incluida la zanahoria.

• Después de un par de minutos reincorporar el conejo y bañar con el vino. Reducir.

• Sumar los tomates pelados, sin semillas y picados, el extracto de tomate y el caldo, más el laurel y la salvia. Cocinar tapado a fuego suave durante 50 minutos.

• Agregar el perejil y la pimienta y cocinar 2 minutos más.

• Retirar el conejo de la cacerola y, si se desea, tamizar la salsa. Bañarlo con ella y servir con arroz integral.

CUÁNDO SE RECOMIENDA	PORQUE
• Para combatir la osteoporosis, la hipertensión, el colesterol alto y la anemia y corregir el desequilibrio nutricional.	• El conejo es carne con baja concentración de sodio y colesterol. Aporta, junto con las hortalizas, buena cantidad de proteínas, vitaminas y minerales.

Cerdo al durazno

 ELABORADO

 NO TAN RÁPIDO

 MENOS ECONÓMICO

CALORÍAS INTERMEDIAS

COMIDA PARA RECIBIR

■ QUÉ SE NECESITA

1 carré de cerdo de aproximadamente 1 kg • 1 lata de duraznos al natural • 1/2 taza de vinagre de manzana • 2 cucharadas de aceite de maíz • 20 g de manteca • 2 cucharadas de azúcar negra • 2 clavos de olor • 10 cm de rama de canela • 1 hoja de laurel • 1 rizoma de jengibre seco • 2 cucharaditas de jengibre molido

■ CÓMO SE PREPARA

• Desgrasar meticulosamente el *carré* de cerdo. Colocarlo sobre una rejilla de metal apoyada sobre una fuente con agua y cocinar en horno fuerte 15 minutos.

• Aparte, mezclar el jengibre en polvo con el aceite.

• Pasados los 15 minutos, untar con esta mezcla el *carré* por todos lados. Ponerlo en una fuente en que quepa ajustadamente y cocinar en horno moderado 30 minutos más.

• En un jarrito poner el azúcar negra, los clavos de olor, la canela, el rizoma de jengibre, la hoja de laurel y el vinagre. Hervir 5 minutos. Colar. Mezclar con 1/4 de taza del jugo de los duraznos.

• Escurrir y cortar en gajos los duraznos.

• Derretir la manteca en una sartén (preferentemente de teflón).

• Echar los duraznos y saltearlos a fuego vivo. Agregar el vinagre aromatizado y llevar a hervor 1 minuto. Apagar.

• Retirar el *carré* del horno y cortar en finas tajadas.

• Guarnecer con los duraznos y rociar con su líquido.

CUÁNDO SE RECOMIENDA

• Para la etapa de mantenimiento de peso y para combatir la hipertensión, el colesterol alto y la anemia.

PORQUE

• Todos los ingredientes son muy bajos en sodio. El cerdo aporta hierro, proteínas, vitaminas y minerales en buena cantidad.

Higos & cerdo

 ELABORADO

 NO TAN RÁPIDO

 MENOS ECONÓMICO

ALTAS CALORÍAS

COMIDA PARA RECIBIR

■ QUÉ SE NECESITA

1 kg de carré de cerdo • 100 g de higos de Esmirna (turcos) • 2 cebollas • 2 manzanas verdes • 1/2 litro de vino rosado • 100 g de yogur sabor natural • 4 cucharadas de aceite de maíz • 2 clavos de olor • 2 cucharaditas de garam masala

■ CÓMO SE PREPARA

- Retirar toda la grasa visible del cerdo.
- Con una cuchilla fina perforar el *carré* a lo largo, y ensancharlo con un palito de madera.
- Rellenar con los higos. Cerrar la abertura con un palillo.
- Calentar el aceite en una sartén antiadherente y dorar el *carré* de todos lados a fuego vivo. Agregar el vino y reducir un poco.
- Rallar la cebolla y la manzana. Colocar ambos ingredientes en una cacerola, más los clavos de olor y el garam masala.
- Humectar con el vino reducido y 1/2 taza de agua.
- Acomodar encima el *carré* y cocinar a fuego bajo, tapado, durante 50 minutos. Agregar más agua de ser necesario.
- Retirar el *carré* y cortar en rodajas.
- Sumar a la cacerola el yogur, mezclar y calentar sin que hierva.
- Pasar la salsa por tamiz y acompañar con ella el *carré*.
- Se aconseja una guarnición de arroz integral u hortalizas dulces.

→ **EL HIGO ES MUY RICO EN HIERRO Y ES LIGERAMENTE LAXANTE.**

CUÁNDO SE RECOMIENDA	PORQUE
• Para combatir la hipertensión, el colesterol alto, el estreñimiento y la anemia.	• Es un plato muy energético y bajo en colesterol, grasas y sodio. El cerdo aporta proteínas y las frutas proveen vitaminas, fibras y minerales como el hierro.

Lomo con frutas tropicales

 ELABORADO    NO TAN RÁPIDO    MENOS ECONÓMICO

CALORÍAS INTERMEDIAS   COMIDA PARA RECIBIR

■ QUÉ SE NECESITA

1 lomo de aproximadamente 1,300 kg • 1 mango • 1 papaya • 4 orejones remojados • 1 cebolla • 1 cucharadita de ralladura de limón • 2 cucharadas de oporto • 1 cucharada de mostaza • 1 cucharada de azúcar negra • 8 cucharadas de aceite • pimienta blanca, a gusto

■ CÓMO SE PREPARA

• Atar el lomo para darle forma.

• Pincelarlo con la mitad del aceite y ubicarlo sobre una parrilla o rejilla de metal, colocada dentro de una fuente con agua (este sistema de cocción no sólo es sin grasa sino que a su vez permite que la carne se desgrase). Cocinar en horno moderado durante 40 minutos.

• Mientras tanto, cocinar los orejones a fuego bajo hasta que se ablanden.

• Cortar el mango a lo largo del carozo, desecharlo, y cortar la pulpa en cuadraditos para retirarla de la cáscara con mayor facilidad.

• Cortar la papaya al medio, retirarle las semillas y cortar nuevamente al medio. Pelar cada cuarto y cortar en trocitos.

• Escurrir los orejones (reservar ese líquido) y cortar en trocitos.

• Mezclar todas las frutas y pimentarlas.

• Picar la cebolla.

• En una sartén antiadherente en el aceite restante rehogar la cebolla con la ralladura de limón.

• Sumar las frutas y cocinarlas unos minutos.

• Retirar y procesar junto con la mostaza, el oporto y el azúcar negra.

• Volver la salsa al fuego y cocinar a fuego bajo, destapada, 5 a 7 minutos más.

• Retirar el lomo del horno, pimentar y cubrir con la salsa de frutas.

• Servir con guarnición de hortalizas dulces al vapor.

CUÁNDO SE RECOMIENDA	PORQUE
• Para corregir el desequilibrio nutritivo y la anemia y combatir el colesterol alto, la hipertensión y el estreñimiento.	• La carne aporta proteínas de alto valor biológico, hierro y vitaminas, con bajo colesterol. Las frutas aportan alta proporción de fibra insoluble y vitaminas.

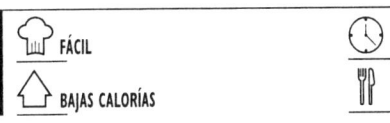

Carpaccio del Imperio

■ QUÉ SE NECESITA

1 lomo • 1 cucharada de pimienta verde picada • 1 cucharada de pimienta rosa recién molida • 1 atado de berros • 100 g de queso gruyere en un trozo • 2 cucharadas de aceite de oliva

Aliño: 1/4 de taza de aceite de oliva • 1/4 de taza de vinagre de hierbas • 1/8 de taza de jugo de limón sutil (caipirinha) • 1 cucharada de salsa Worcester • 1 cucharadita de salsa tabasco • 2 cucharaditas de semillas de mostaza molida

■ CÓMO SE PREPARA

• Retirar del lomo la cabeza, el *filet mignon* (punta contraria a la cabeza) y el cordón que corre a lo largo del lomo. Limpiarlo de grasa y nervios.
• Enfriar en el congelador o freezer hasta que esté firme pero no congelado.
• Mientras tanto, hacer el aliño. Si se usa sal, diluirla con el vinagre de hierbas y el jugo de limón sutil.
• Sumar la salsa Worcester, la salsa tabasco y las semillas de mostaza molida. Batir.
• Incorporar el aceite de oliva y volver a batir hasta obtener una emulsión.
• Retirar la carne del frío y, preferentemente con máquina de cortar fiambre o cuchillo eléctrico, cortarla en láminas muy finas.
• Humedecer con el aliño las fetas de carne. Salpicar con la pimienta verde y rosa.
• Lavar muy bien el berro. Separar las hojitas de los tallos.
• Cortar en finísimas tajadas el queso gruyere (si no se tiene el aparato para cortar queso, suplirlo por el pelapapa).
• Acomodar las láminas de carne aderezada en una fuente o plato y en derredor ubicar el berro junto con el queso, rociados con las 2 cucharadas restantes de aceite de oliva.
• Servir de inmediato.

→ **EL BERRO TIENE 20 CALORÍAS CADA 100 G Y 4.900 UI DE VITAMINA A.**

CUÁNDO SE RECOMIENDA	PORQUE
• Para bajar de peso, combatir la osteoporosis, el alto colesterol y los resfríos, corregir los desequilibrios nutritivos y embellecer la piel.	• Es un plato bajo en calorías y colesterol, con importante aporte de proteínas. El queso provee calcio, y el berro, vitaminas A y C.

Peceto con uvas

■ QUÉ SE NECESITA

1 peceto de 1 kg • 2 cebollas • 500 g de uvas negras (preferentemente moscatel) • 2 cucharadas de miel • 1 cucharada de harina • 1/4 de taza de aceite de maíz • 3/4 de taza de vino blanco • 3/4 de taza de agua • jugo de 1/2 limón • 1 cucharadita de curry mild • 1 cucharadita de cúrcuma • 1 y 1/2 cucharadita de jengibre seco molido • 1/4 de cucharadita de nuez moscada

■ CÓMO SE PREPARA

• Calentar la mitad del aceite y dorar de todos lados la carne. Retirar. Dejar enfriar.

• Mezclar la miel con todas las especias.

• Untar con esta mezcla la carne y dejar reposar por lo menos 1/2 hora.

• Pelar y picar la cebolla. Poner en una cacerola con el resto del aceite y cocinar a fuego moderado.

• Cuando esté tierna incorporar el peceto, espolvorearlo con la harina y rociarlo con el vino. Dejar reducir para evaporar el alcohol.

• Agregar el agua, tapar y cocinar a fuego suave durante aproximadamente 1 hora.

• Sacar las uvas de los racimos y pelar la mitad.

• A la media hora de cocción del peceto agregar la mitad de las uvas con piel, mezclar y, de ser necesario, agregar más agua.

• Una vez cumplido el tiempo de cocción retirar la carne y procesar el resto de los ingredientes de la cacerola hasta obtener una salsa.

• Volver la salsa a la cacerola, agregar las uvas peladas y llevar a punto de hervor.

• Cortar la carne en finas rodajas, cubrir con la salsa y servir de inmediato.

CUÁNDO SE RECOMIENDA	PORQUE
• Para combatir la hipertensión, el colesterol alto y la osteoporosis.	• Es un plato bajo en sodio y colesterol, con buen aporte de proteínas, hierro y potasio.

Todo sobre el colesterol

El colesterol es un compuesto de tipo graso que se encuentra formando parte de las membranas celulares de todo animal. Es necesario para el normal funcionamiento de las células, que lo utilizan para formar sus membranas, y también para sintetizar ácidos biliares, hormonas, vitamina D, etcétera.

Existen dos clases de colesterol: el endógeno, que es el que por sí mismo produce nuestro organismo, y el *exógeno,* que es el que ingresa en nuestro cuerpo a través de la alimentación.

En cuanto a los niveles de colesterol total, se considera **normal** 200 mg/dl, un **poco elevado** hasta 239 mg/dl y **alto** más de 240 mg/dl.

Así como hay dos clases de colesterol por su procedencia, para complicar aún más las cosas *existen dos tipos de colesterol por su composición*: el **LDL** (lipoproteína de baja densidad) y el **HDL** (lipoproteína de alta densidad).

El primero es el llamado **colesterol malo**, y el segundo, el **colesterol bueno**. Para entender por qué llevan ese nombre, exploremos en el interior de nuestro organismo. El colesterol de los alimentos ingresa en nuestro cuerpo a través del aparato digestivo. De allí se dirige al hígado y del hígado a las células, que utilizan sólo lo que necesitan. Luego recorre el camino inverso, trasladándose de las células al hígado, que a través de la bilis lo lleva hacia el intestino, encargado final de desecharlo. **El colesterol que se dirige del hígado hacia las células es transportado en la molécula LDL (malo). El colesterol que regresa de las células hacia el hígado es transportado por otra molécula: HDL (bueno).**

Mundialmente se cree en la actualidad que cuando hay niveles elevados de colesterol malo en la sangre, se deposita en las paredes arteriales, facilitando el desarrollo de la arterosclerosis, principal causa de infartos de miocardio, hemiplejias y otras enfermedades vasculares. En cambio, se dice que el colesterol bueno es antiterogénico, es decir que remueve el colesterol de las paredes arteriales y tejidos. Por lo tanto, **lo ideal no sólo es tener el colesterol total normal, sino tener bajo el colesterol malo y alto el colesterol bueno.** Tanto es así que los últimos estudios aconsejan darle mayor importancia al nivel de colesterol malo antes que al nivel total de colesterol.

Veamos entonces los niveles: en el caso del LDL un nivel **normal** es de 130 mg/dl, un **poco elevado**, hasta 150 mg/dl, y es definitivamente **alto** si supera los 160 mg/dl. Respecto del HDL, un deseable nivel **alto** es de más de 45 mg/dl, un nivel **normal**, de 40 mg/dl, y un poco recomendable nivel **bajo**, de 35 mg/dl.

Para cumplir el objetivo de reducir el colesterol, bajando el malo y subiendo el bueno, la dieta es un factor fundamental. Y esto lo aclaro para aquellos que piensan que "con la pastillita se arregla". Toda medicación, y eso lo saben muy bien los médicos, debe ir acompañada de una dieta estricta de bajo colesterol, y el objetivo es abandonar cuanto antes la medicación, no la dieta. Ésta debe ser lo suficientemente variada como para poder ser seguida por mucho tiempo, tal vez, por el resto de la vida. Por eso le será muy útil la siguiente tabla.

TABLA DE COLESTEROL DE LOS PRINCIPALES ALIMENTOS (CADA 100 G)

Almejas	30 mg
Atún en aceite	32 mg
Caballa	50 mg
Camarón	130 mg
Carne vacuna (promedio)	70 mg
Carne de cerdo magra (promedio)	80 mg
Caviar	260 mg
Crema de leche	80 mg
Conejo	56 mg
Cordero	70 mg
Grasa de pollo	90 mg
Hígado vacuno	350 mg
Huevo de gallina	396 mg
Jamón cocido	90 mg
Langostinos	130 mg
Leche entera	12 mg
Leche descremada	3 mg
Manteca	220 mg
Mayonesa industrial	70 mg
Mayonesa casera	100 mg
Medialuna	110 mg
Menudos de ave	200 mg
Mollejas	250 mg
Moluscos bivalvos (mejillón, berberecho)	130 mg
Muslos de pollo	84 mg
Ostras	89 mg
Peceto vacuno	50 mg
Pechuga de pollo	64 mg
Pescado (promedio)	60 mg
Piel del pollo	120 mg
Pulpo	50 mg
Queso blanco descremado	30 mg
Queso blando (port-salut)	60 mg
Queso semiduro (pategrás)	85 mg
Queso duro (gruyere/ reggianito)	100 mg
Riñón	370 mg
Sesos	2.000 mg
Yema de huevo	360 mg
Yogur entero	12 mg
Yogur descremado	5 mg

CAPÍTULO 10

Los dulces de la cocina sana: livianos y exquisitos

Principales características nutritivas de las frutas, y sus calorías

Habitualmente, cuando uno piensa en un postre "sanito" lo primero que le acude a la mente es la compota de manzana, la manzana al horno o la ensalada de frutas, postres que, si bien resultan agradables, no son riquísimos, y que para colmo no ofrecen ninguna novedad. Tal vez por eso la idea de este capítulo es enseñar todo tipo de postres, como tortas, tartas, *mousse*, piononos y muchos más, demostrando que **se pueden hacer postres ricos y atractivos sin utilizar crema, manteca, yemas, dulce de leche ni chocolate**. Si bien a primera vista parece un imposible, en cuanto pase a las recetas y las ponga en práctica descubrirá que no es una utopía, que todo es cuestión de ingenio y paciencia.

Yo tengo mi propio **Decálogo para hacer postres ricos y sanos:**

1 - El ingrediente básico debe ser la fruta, ya que no sólo aporta vitaminas y nutrientes sino que contiene menos calorías que otros ingredientes y nada de grasas.

2 - Reemplazar la crema por yogur entero o descremado, de sabor natural, y endulzarlo con esencia de vainilla (no es lo mismo, pero resulta rico y sano).

3 - Sustituir la manteca o margarina por aceite, calculando un 50% de la medida de aquéllas.

4 - Privilegiar los postres que lleven gelatina o agar-agar, ya que es un modo de espesar la preparación sin utilizar grasas.

5 - Saborizar con especias, preferentemente canela, clavo de olor, jengibre, cardamomo y también con esencias como vainilla, almendras, agua de azahar.

6 - Preferir las harinas integrales y los cereales a las harinas blancas.

7 - Reemplazar una yema por dos claras y 1 cucharada de salvado de avena en la cocción de tortas y tartas.

8 - Colorear las masas con cúrcuma (da un tono amarillo similar al del huevo).

9 - Reemplazar la crema por ricota descremada o queso blanco dietético endulzado con esencia de vainilla y aligerado con claras batidas a punto nieve.

10 - Sustituir el azúcar por edulcorante granulado (NutraSweet u otro similar), y en algunos casos por miel o azúcar negra.

Sin dudas el punto 1 de mi decálogo es clave: las frutas son muy importantes para que el último plato de la mesa se convierta en algo saludable y nutritivo. Esto obedece a que **las frutas nos abastecen de** numerosos minerales, vitaminas y fibras, con una casi inexistente proporción de grasas.

En cuanto a minerales, las frutas contienen magnesio, cinc, hierro, calcio, fósforo y sobre todo potasio. Por suerte el sodio se halla casi ausente. Las vitaminas, de fundamental importancia nutritiva, no se encuentran todas a la vez en todas las frutas. Así, el damasco es muy rico en vitamina A pero pobre en vitamina C, las frutillas tienen mucha vitamina C pero poca vitamina A. **Por eso, para asegurarse un suministro equilibrado de vitaminas, lo más aconsejable es consumir una gran variedad.** Las fibras, cuya función de facilitar el tránsito intestinal es para mucha gente —en especial las mujeres— invalorable, son principalmente la celulosa, la hemicelulosa y la pectina.

En el nivel calórico las frutas varían de acuerdo con su contenido en hidratos y agua. Veamos entonces, antes de pasar a las recetas, **cuántas calorías aportan:**

TABLA DE CALORÍAS DE LAS FRUTAS (CADA 100 G)

Fruta	Calorías	Fruta	Calorías
Ananá	52	Mango	62
Banana	90	Manzana	60
Cereza	60	Melón	33
Ciruela	50	Membrillo	64
Damasco	52	Naranja	49
Durazno	52	Papaya	38
Frambuesa	45	Pera	61
Frutilla	37	Pomelo	40
Kiwi	46	Sandía	31
Mandarina	48	Uva	67

Mousse de naranja

■ QUÉ SE NECESITA

3/4 de taza de jugo de naranjas colado • 2 naranjas • 400 g de yogur sabor natural • 4 claras • 2 sobres de gelatina sin sabor o 2 cucharaditas de agar-agar • 2 cucharadas de licor de naranjas • edulcorante a gusto

■ CÓMO SE PREPARA

• Diluir la gelatina o el agar-agar con el jugo de naranjas.

• Calentar sobre el fuego sin revolver hasta que rompa el hervor.

• Retirar y mezclar con el yogur, asegurándose de integrar muy bien ambas preparaciones. Endulzar a gusto con el edulcorante y agregar el licor de naranjas.

• Batir las claras a punto nieve y, con movimientos envolventes, sumar a lo anterior.

• Enfriar en la heladera varias horas antes de servir, removiendo cada tanto para que no se separe la preparación.

• Cortar las naranjas a vivo: sacar la cáscara y cortar con un cuchillo afilado gajo por gajo, sin el hollejo.

• Presentar la *mousse* en copas y decorar con los gajos de naranjas.

CUÁNDO SE RECOMIENDA	PORQUE
• Para bajar de peso y combatir el colesterol alto, la hipertensión y los resfríos.	• Es un postre muy bajo en calorías y sodio, sin colesterol y con mucha vitamina C.

Pionono anticolesterol con frambuesas

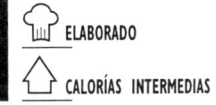 ELABORADO

 NO TAN RÁPIDO

 MENOS ECONÓMICO

CALORÍAS INTERMEDIAS

COMIDA PARA RECIBIR

■ QUÉ SE NECESITA

8 claras • 4 cucharadas de azúcar • 4 cucharadas de leche descremada en polvo • 4 cucharadas de harina • 4 cucharadas de semillas de amapola • 500 g de frambuesas frescas • 250 g de ricota descremada • edulcorante a gusto • queso blanco dietético y azúcar impalpable para decorar.

■ CÓMO SE PREPARA

• Batir las claras a punto nieve. Agregar el azúcar y seguir batiendo hasta que las claras adquieran brillo.

• Incorporar las semillas de amapola, leche en polvo y la harina y con el batidor integrar rápidamente (para no perder el aire).

• Volcar en una placa forrada con papel manteca.

• Hornear a temperatura fuerte 8 a 10 minutos o hasta que la preparación no se pegue a los dedos.

• Retirar del horno y arrollar sin sacar el papel. Dejar enfriar.

• Mientras tanto, mezclar la mitad de las frambuesas con la ricota descremada y endulzar con el edulcorante.

• De la otra mitad de las frambuesas reservar algunas para decoración y el resto procesarlas con edulcorante hasta obtener una salsa. Colar (para descartar las semillitas de las frambuesas).

• Desenrollar el pionono y retirarle el papel. Cubrir con la mezcla de la ricota y frambuesas.

• Desde un extremo arrollar ajustadamente hasta obtener un rollo.

• Ubicar en una fuente y enfriar en la heladera 2 o 3 horas.

• Retirar de la heladera el pionono y espolvorear con azúcar impalpable, decorando con copitos de queso blanco dietético coronados con las frambuesas reservadas.

• Cubrir el fondo de la fuente con la salsa de frambuesas. Servir.

→ **LA FRAMBUESA ES DE MUY BAJAS CALORÍAS —30 CADA 100 G— Y TIENE MUCHA VITAMINA C.**

CUÁNDO SE RECOMIENDA	PORQUE
• Para combatir el colesterol alto, la hipertensión, la osteoporosis y los resfríos.	• Es un postre muy bajo en colesterol y sodio. La ricota aporta calcio, y las frambuesas, vitamina C.

Mango, melón y champán

(Ver foto)

 SUPERFÁCIL

 MUY RÁPIDO

 MENOS ECONÓMICO

BAJAS CALORÍAS

COMIDA PARA RECIBIR

■ QUÉ SE NECESITA

2 mangos • 1 melón rocío de miel • 1/2 botella de champán casi helado • 300 g de helado de limón al agua • edulcorante a gusto

■ CÓMO SE PREPARA

• Cortar el melón al medio, retirarle las semillas y con una cucharita parisién sacar *noisette* (bolitas) de melón.

• Mezclarlas con edulcorante granulado a gusto y dejar reposar unos 45 minutos en heladera.

• Cortar el mango a lo largo paralelo al carozo, de modo de obtener dos mitades. Partirlas a su vez en dos partes, pelarlas y cortar en finas láminas. Dejar en la heladera también unos 40 minutos.

• Cubrir las paredes de 4 copas anchas con las tajadas de mango.

• Hacer una montaña de bolitas de melón en el medio. Llenar aproximadamente hasta la mitad con champán.

• Coronar con una pequeña bocha de helado de limón.

• Servir de inmediato este refrescante postre como broche de una cena saludable.

→ **EL MELÓN TIENE 36 CALORÍAS CADA 100 G Y 0 COLESTEROL.**

CUÁNDO SE RECOMIENDA	PORQUE
• Para bajar de peso y combatir el colesterol alto, la hipertensión y los resfríos.	• Los ingredientes son bajos en calorías y sodio, sin colesterol. Las frutas aportan potasio y vitaminas A y C.

(Ver foto)

Pastel de Smith

⌂ ELABORADO	🕐 NO TAN RÁPIDO	💲 MUY ECONÓMICO
△ CALORÍAS INTERMEDIAS	🍴 COMIDA PARA RECIBIR	

■ QUÉ SE NECESITA

Masa: 250 g de harina integral superfina • 200 g de queso blanco dietético• 1/8 de taza de aceite de maíz • aproximadamente 1/2 taza de edulcorante granulado • 3 cucharadas de semillas de sésamo tostadas

Relleno: 6 manzanas Grany Smith (las verdes) • jugo de 1/2 limón • 2 cucharaditas de canela • 1/2 cucharadita de clavo de olor molido • 3 claras • 50 g de azúcar • edulcorante granulado a gusto • semillas de sésamo tostadas, cantidad necesaria

■ CÓMO SE PREPARA

• Poner todos los ingredientes de la masa en la procesadora y hacer funcionar hasta obtener un bollo (de ser necesario, adicionar unas gotas de agua para formar el bollo).

• Estirar con palo de amasar sobre superficie enharinada y forrar con esta masa un molde refractario (tipo pyrex) aceitado y enharinado.

• Pinchar la masa con tenedor y cocinar en horno moderado aproximadamente 15 minutos. Retirar y dejar enfriar.

• Descorazonar las manzanas, pelarlas y rociarlas con el jugo de limón.

• Colocarlas en una cacerolita antiadherente y cocinar a fuego muy suave, tapadas, con 1/2 taza de agua, hasta que estén muy blandas (también se puede hacer en microondas poniéndolas en un bol térmico sin el agua y cocinándolas tapadas en máximo unos 8 minutos).

• Pisar con un pisapuré las manzanas hasta obtener una fina compota. Escurrir el líquido que pudiera soltar. Endulzar con el edulcorante y saborizar con la canela y el clavo de olor.

• Rellenar con esta mezcla la tarta. Espolvorear por encima con abundantes semillas de sésamo tostadas.

• Batir las claras a punto nieve. Incorporar el azúcar y el edulcorante y volver a batir hasta que tenga cierto brillo la preparación. Poner en manga.

• Decorar todo el borde del pastel de manzanas haciendo una guarda con el batido de claras puesto en manga.

• Hornear en el *grill* o parrilla del horno para dorar ligeramente las claras.

• Servir tibia o fría.

CUÁNDO SE RECOMIENDA	PORQUE
• Para combatir el estreñimiento, la hipertensión y el colesterol alto.	• Es un postre sin colesterol y muy bajo sodio. La harina integral y las manzanas aportan gran cantidad de fibra.

Mousse de mango

(Ver foto)

 **SUPERFÁCIL**

 **BAJAS CALORÍAS**

 **MUY RÁPIDO**

 **COMIDA PARA RECIBIR**

 **MENOS ECONÓMICO**

■ QUÉ SE NECESITA

2 mangos • 300 g de queso blanco dietético • 2 cucharaditas de agar-agar • 1/8 de taza de agua • 4 cucharadas de kirsch • edulcorante a gusto • 3 claras

■ CÓMO SE PREPARA

• Cortar los mangos a lo largo, paralelo al carozo, separándolos en dos partes. Cuadricular la pulpa y con el cuchillo despegarla de la cáscara. Procesar. Diluir en una cacerolita el agar-agar con el agua y sumar el mango procesado, mezclar bien.

• Calentar sobre el fuego hasta que rompa el hervor. Retirar, sumar el kirsch y dejar entibiar.

• Mezclar entonces con el edulcorante y el queso blanco.

• Batir las claras a punto nieve firme. Integrar con suaves movimientos a la mezcla de mango.

• Poner en copas y enfriar en la heladera hasta que tenga consistencia de *mousse.*

→ **EL MANGO POSEE 0 COLESTEROL Y 70 CALORÍAS CADA 100 G.**

CUÁNDO SE RECOMIENDA	PORQUE
• Para bajar de peso, combatir la osteoporosis, el colesterol alto y la hipertensión.	• Es un postre muy rico en calcio, sin colesterol y bajísimo en sodio y calorías.

Budín
de arroz y manzanas

 FÁCIL

 RÁPIDO

 MUY ECONÓMICO

△ ALTAS CALORÍAS

🍴 COMIDA DIARIA

■ QUÉ SE NECESITA

4 manzanas (preferentemente romme) • 1 taza de galletas de arroz desmenuzadas • 5 cucharadas de azúcar • 50 g de pasas de uva rubias sin semilla • 4 claras • 1 cucharadita de canela • 1/2 cucharadita de jengibre • 1 pizca de nuez moscada • 1 taza de azúcar

■ CÓMO SE PREPARA

• Pelar las manzanas, descorazonarlas y cortarlas en gajos. Poner en una cacerolita junto con las 5 cucharadas de azúcar y cocinar tapadas a fuego bajo hasta que estén bien blandas (esto también se puede hacer en microondas cocinándolas aproximadamente 6 minutos).

• Pisar la compota de manzanas y condimentar con la canela, jengibre y nuez moscada.

• Mezclar con las galletas de arroz desmenuzadas y las pasas de uva.

• Batir las claras a punto nieve y sumar a lo anterior con movimientos delicados.

• Con la taza de azúcar restante hacer un caramelo. Poner el azúcar en una cacerolita, salpicarla apenas con agua y calentar sobre el fuego sin revolver, hasta que tome punto caramelo (el color y el olor son característicos).

• Acaramelar un molde de budín inglés alto.

• Echar la preparación de manzana dentro del molde, asegurarse de que llegue al borde porque en la cocción baja mucho.

• Cocinar a baño de María hasta que esté firme o en microondas al 70 % de la potencia durante aproximadamente 15 minutos (el tiempo varía de acuerdo con la marca del artefacto).

• Desmoldar en caliente con cuidado (¡no se queme!) y dejar enfriar en la heladera antes de servir.

CUÁNDO SE RECOMIENDA	PORQUE
• Para subir de peso. Combatir el colesterol alto, la hipertensión y el estreñimiento.	• Los ingredientes son de bajo sodio y cero colesterol; hay buen aporte de calorías, fibra y potasio.

Budincitos cítricos

 SUPERFÁCIL  MUY RÁPIDO  ECONÓMICO

ALTAS CALORÍAS   COMIDA DIARIA ESPECIAL

■ QUÉ SE NECESITA

1 taza de harina leudante • 1 taza de salvado de avena • 1/2 taza de miel • 4 claras • 1 cucharada de aceite • aproximadamente 1/4 de taza de leche descremada • la cáscara de 1 naranja y 1 limón rallada • 1 cucharadita de cardamomo molido

■ CÓMO SE PREPARA

• Poner en un bol la harina leudante y el salvado de avena, más el cardamomo y la ralladura de cítricos.

• En el centro hacer un hueco y sumar la mezcla de miel y el aceite. Mezclar con cuchara de madera. De a poco agregar la leche hasta integrar.

• Batir las claras a punto nieve y sumar a lo anterior.

• Llenar con esta mezcla moldes pequeños de budín inglés, previamente enmantecados y enharinados.

• Hornear un promedio de 15 minutos a temperatura moderada.

• Retirar, dejar entibiar, desmoldar y, si se desea, espolvorear con azúcar impalpable y decorar con cascaritas de limón y naranja abrillantadas.

CUÁNDO SE RECOMIENDA	PORQUE
• Para combatir el colesterol alto, la hipertensión y la debilidad.	• Es muy energético y todos los ingredientes son pobrísimos en sodio y colesterol. El salvado de avena ayuda a bajar este último.

Cóctel de frutas de Cantalupe

 ELABORADO  NO TAN RÁPIDO  MENOS ECONÓMICO

△ BAJAS CALORÍAS ▯▮ COMIDA PARA RECIBIR

■ QUÉ SE NECESITA

3 pequeños melones del tipo Cantalupe, fríos • 1 ananá o piña, frío • 3 duraznos, fríos • 2 peras, frías (ideal tipo Williams) • 250 g de frutillas, cerezas o frambuesas, frías • jugo de 1 limón y de 1 naranja dulce • 200 g de yogur entero sabor natural • 2 claras • 100 g de azúcar • gotas de esencia de vainilla • edulcorante granulado a gusto • hojitas de menta o salvia • ananá para decorar

■ CÓMO SE PREPARA

• Cortar los melones en forma horizontal en dos partes iguales. Desechar las semillas.

• Retirar con una cucharita parisién bolitas de melón. Reservarlas. El resto de pulpa que haya quedado retirarla para que queden las cáscaras de melón prolijamente limpias. Guardarlas en la heladera.

• Sacar el penacho del ananá y cortar la fruta en rodajas de 1 cm. A cada rodaja retirarle el centro y la cáscara. Cortar la pulpa en triangulitos.

• Pelar los duraznos, retirar el carozo y cortar en trocitos la pulpa.

• Lavar bien la fruta roja elegida. En caso de utilizar cerezas queda a su criterio descarozarlas.

• Pelar las peras, descorazonarlas y cortarlas en dados. Sumergir en agua mezclada con el jugo de limón para evitar su oxidación.

• Batir las claras a punto nieve. Agregar el azúcar y volver a batir hasta que la preparación esté firme y brillante.

• Mezclar el yogur con la esencia de vainilla y sumarle con suaves movimientos las claras hasta homogeneizar.

• Poner las bolitas de melón, el ananá, los duraznos, la fruta roja y las peras escurridas en un bol. Humectar con el jugo de naranja mezclado con el edulcorante granulado. Mezclar y probar el dulzor (de ser necesario, poner más edulcorante).

• Rellenar con este cóctel de frutas las 6 cáscaras de melón y cubrir con la crema de yogur y claras. Decorar con las hojas de menta o salvia ananá y servir.

CUÁNDO SE RECOMIENDA	PORQUE
• Para bajar de peso, combatir el estreñimiento, la grasitud de la piel y corregir el desequilibrio nutritivo.	• Las frutas son de bajas calorías, sin grasas, ni colesterol, y aportan gran cantidad de vitaminas A y C y fibra insoluble.

Masitas con mermelada de manzana, nuez y canela

 ELABORADO

 NO TAN RÁPIDO

 ECONÓMICO

⌂ ALTAS CALORÍAS

🍴 COMIDA PARA RECIBIR

■ QUÉ SE NECESITA

Para las masitas: 1 taza de salvado de avena • 1/2 taza de harina blanca o, mejor aún, integral superfina • 2 cucharaditas de canela molida • 1/2 cucharadita de pimienta de Jamaica molida • 4 cucharadas de miel • 3 cucharadas de azúcar negra • 4 cucharadas de aceite de maíz • 2 claras

Para el dulce: 3/4 kg de manzanas verdes • 3/4 litro de agua • 3/4 kg de miel • jugo de 1 limón • 1 y 1/2 cucharadita de canela molida • 1/4 kg de nueces molidas

■ CÓMO SE PREPARA

• Primero hacer el dulce. Para ello, pelar las manzanas y sacarles los centros. Poner las cáscaras y los centros en el agua y hervir hasta que reduzca a la mitad.

• Mientras tanto, rallar las manzanas y rociarlas con el jugo de limón.

• Filtrar el líquido reducido pasándolo por un colador presionando con una espátula para extraer hasta la última gota.

• Mezclar este líquido con las manzanas ralladas, la canela, las nueces y la miel.

• Cocinar sobre fuego suave hasta que el dulce tome punto, sin revolver.

• Para las masitas, derretir la miel con el azúcar negra sobre el fuego. Retirar y sumar el aceite y las claras.

• Echar en el centro de un bol donde estén el salvado de avena, la harina, la canela y la pimienta de Jamaica, integrando todo hasta obtener un bollo.

• Estirar sobre superficie enharinada y cortar masitas, presionando en el centro para hacer un huequito.

• Cocinar en una fuente forrada con papel manteca hasta que estén firmes.

• Retirar y cubrir con la mermelada de manzanas, nueces y canela.

CUÁNDO SE RECOMIENDA	PORQUE
• Para combatir el colesterol alto, la hipertensión, la debilidad y el estreñimiento.	• Todos los ingredientes son muy energéticos, pobres en sodio y sin colesterol. Aportan fibra soluble y grasa poliinsaturada, que ayudan a bajar el colesterol, y fibra insoluble, que regulariza el intestino.

Frutillas con aroma a azahares

(Ver foto)

■ QUÉ SE NECESITA

1 kg de frutillas • 3 claras • 3 sobres de gelatina sin sabor o 3 cucharaditas de agar-agar • 1/2 taza de jugo de naranjas • 200 g de yogur descremado sabor frutilla • edulcorante granulado a gusto • 4 naranjas • 1 cucharada de fécula • 2 cucharadas de licor cointreau u otro similar

■ CÓMO SE PREPARA

• Limpiar bien las frutillas y sacarles los cabitos. Reservar 1/4 kg.

• Procesar el resto de las frutillas. Mezclar con el yogur y el edulcorante.

• Rallar la cáscara de 1 naranja.

• Cortar a vivo los gajos de las 4 naranjas, sobre un bol, para no perder los jugos. Para ello, sacarle la cáscara y con un cuchillo afilado, cortar gajo por gajo, sin el hollejo. Reservar el jugo.

• Diluir la gelatina sin sabor o el agar-agar con 1/4 de taza de jugo de naranjas.

• Calentar sobre el fuego sin revolver hasta que rompa el hervor. Retirar y esperar a que entibie y espese.

• Mezclar entonces con la ralladura de naranja y la preparación de frutillas.

• Batir las claras a punto nieve y sumar a lo anterior. Volcar en moldecitos individuales y enfriar varias horas en la heladera.

• Con el resto del jugo de la naranja diluir la fécula y calentar sobre el fuego revolviendo continuamente hasta que hierva 1 minuto.

• Retirar, endulzar con el edulcorante a gusto, perfumar con el cointreau y dejar enfriar (si resultara muy espeso, aligerarlo con más jugo de naranja).

• Pasar un cuchillo por los bordes del molde y, usando un plato, invertir y desmoldar el postre.

• Servir con la salsa de naranja, decorar con las frutillas reservadas y, si se tiene, hojas de naranjo.

CUÁNDO SE RECOMIENDA	PORQUE
• Para bajar de peso y combatir la hipertensión, el colesterol alto, la osteoporosis y los resfríos.	• Los ingredientes son bajos en calorías y sodio, sin colesterol. El yogur aporta calcio, y las frutillas y las naranjas, la vitamina C.

Torta anticolesterol

(Ver foto)

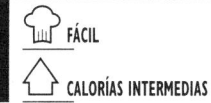 FÁCIL

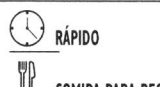 RÁPIDO

 MENOS ECONÓMICO

CALORÍAS INTERMEDIAS

COMIDA PARA RECIBIR

■ QUÉ SE NECESITA

8 claras • 3/4 de taza de azúcar • 3/4 de taza de harina leudante • 2 cucharadas de ralladura de limón • 2 cucharaditas de esencia de vainilla • 400 g de queso blanco dietético • 4 cucharadas de miel • 1 lata de ananá en almíbar • 1/4 kg de frutillas • 3 kiwis

■ CÓMO SE PREPARA

• Para hacer el bizcochuelo se deben batir las claras a punto nieve, sumarles el azúcar y batir un poco más.

• Incorporar entonces la harina, la ralladura de limón y 1 cucharadita de esencia de vainilla. Integrar todo con movimientos envolventes con batidor.

• Echar en molde de unos 22 cm de diámetro.

• Cocinar a horno suave hasta que al apoyarle el dedo no ceda (aproximadamente 30 minutos). Retirar y dejar enfriar.

• Mezclar el queso blanco dietético sin sal con la esencia de vainilla y la miel.

• Cuando la torta esté fría cubrir con esta mezcla.

• Escurrir muy bien las rodajas de ananá y cortar a la mitad.

• Filetear las frutillas con los cabitos.

• Cortar los kiwis en medias rodajas.

• Decorar con las rodajas de ananá, kiwis y las frutillas. Si se desea, abrillantar con mermelada de damascos reducida.

CUÁNDO SE RECOMIENDA
• Para combatir el colesterol alto, la hipertensión, la osteoporosis y los resfríos.

PORQUE
• Es muy baja en sodio y grasas, de cero colesterol. El queso blanco aporta calcio, y las frutas, vitaminas, destacándose la C.

Bavarois
de frutillas

 FÁCIL

 RÁPIDO

 MENOS ECONÓMICO

BAJAS CALORÍAS

COMIDA PARA RECIBIR

■ QUÉ SE NECESITA

600 g de frutillas • 5 claras • 2 sobres de gelatina sin sabor • 200 g de yogur dietético de frutilla • 100 g de azúcar • edulcorante granulado y queso blanco dietético en cantidad necesaria.

■ CÓMO SE PREPARA

• Lavar las frutillas, retirarles el cabito y separar 100 g de las más lindas. Procesar el resto.

• Agregar la gelatina sin sabor, mezclar y calentar sobre fuego moderado hasta que rompa el hervor. Retirar y entibiar.

• Sumar entonces el yogur de frutilla, mezclar bien y endulzar con el edulcorante.

• Aparte, batir las claras a punto nieve firme. Agregarles el azúcar tamizada y volver a batir hasta que adquieran brillo.

• Con suaves movimientos incorporar esta preparación a la de frutillas, hasta obtener una mezcla pareja.

• Volcar en un molde humedecido y enfriar 4 o 5 horas en la heladera.

• Pasar el molde por vapor o por agua caliente (cuidando que no penetre en la preparación) y desmoldar en una fuente. Hacer copitos de queso blanco en derredor y decorar con las frutillas reservadas.

CUÁNDO SE RECOMIENDA	PORQUE
• Para bajar de peso, y combatir el colesterol alto, la hipertensión y los resfríos.	• Todos los ingredientes son bajos en calorías y sodio, sin colesterol. Las frutillas aportan vitamina C.

Panqueques "narankiwi"

 ELABORADO

 NO TAN RÁPIDO

 ECONÓMICO

BAJAS CALORÍAS

COMIDA PARA RECIBIR

■ QUÉ SE NECESITA

Masa: 1 taza de leche • 3 claras • 3/4 de taza de harina • 1 cucharadita de polvo para leudar • 2 cucharadas de aceite de maíz • 2 cucharadas de miel • 1 y 1/2 cucharadita de cúrcuma • 1/8 de cucharadita de colorante vegetal en pasta color verde hoja
Relleno: 6 naranjas • 3 kiwis • 400 g de queso blanco dietético • 2 cucharaditas de ralladura de naranja • miel o edulcorante a gusto

■ CÓMO SE PREPARA

• Licuar o procesar la leche con las claras, la harina, el polvo para leudar, el aceite de maíz y la miel. Dejar descansar por lo menos 1 hora en la heladera o lugar fresco.

• Pasado ese tiempo dividir la pasta en dos: a una agregarle la cúrcuma y a otra el colorante vegetal verde, mezclar bien.

• Enmantecar ligeramente una panquequera de teflón, calentarla y echar con un cucharón un poco de la mezcla de cúrcuma en el centro e inmediatamente con otro cucharón un poco de la mezcla verde en derredor, moviendo apenas la panquequera para que se integren.

• Cocinar el panqueque y retirar, sin darlos vuelta. Hacer lo mismo con el resto de la pasta.

• Cortar las naranjas a vivo (con un cuchillo filoso, cortar gajo por gajo, sin el hollejo, reservando el jugo).

• Pelar los kiwis y cortarlos en rodajas.

• Mezclar el queso blanco con la ralladura de naranja y la miel o edulcorante.

• Rellenar los panqueques con unas cucharadas de la mezcla de queso blanco, naranjas y kiwis. Cerrarlos doblándolos al medio de tal modo que se "escapen" los trozos de fruta.

• Servirlos rociados con el jugo de naranjas reservado (si es muy ácido, endulzar con edulcorante).

CUÁNDO SE RECOMIENDA	PORQUE
• Para bajar de peso y combatir el colesterol alto, la hipertensión, la osteoporosis, y los resfríos.	• Es un exquisito postre bajo en calorías y sodio, de cero colesterol. El queso blanco aporta calcio, y los kiwis y las naranjas, vitamina C.

Cheesecake anticolesterol con amapola

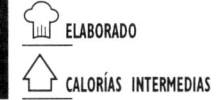 **ELABORADO**

 **NO TAN RÁPIDO**

 **ECONÓMICO**

CALORÍAS INTERMEDIAS

COMIDA PARA RECIBIR

■ QUÉ SE NECESITA

6 claras • 1/2 taza de azúcar • 1/2 taza de harina • 1 cucharada de ralladura de naranja • 1 lata de ananá al natural • 2 cucharadas de fécula de maíz • 600 g de queso blanco dietético • 1 cucharadita de esencia de vainilla • 1/2 taza de jugo de naranja • 2 cucharadas de ralladura de naranja • 4 naranjas • 2 sobres de gelatina sin sabor • edulcorante granulado a gusto • semillas de amapola, cantidad necesaria

■ CÓMO SE PREPARA

• Enmantecar y enharinar un molde de aro desmontable de 20 cm de diámetro.

• Precalentar el horno a temperatura moderada.

• Batir las claras a punto nieve. Sumar el azúcar y una cucharada de ralladura de naranja y seguir batiendo hasta que las claras tomen un color brillante.

• Incorporar la harina tamizada y con el batidor integrar rápida y suavemente (asegurarse de que no queden grumos).

• Volcar esta preparación en el molde y cocinar en horno moderado suave hasta que la torta se desprenda de los bordes. Retirar y dejar enfriar en el molde.

• Mientras tanto, escurrir el ananá y procesar 6 tajadas. La otras dos cortarlas en triangulitos y reservar.

• Diluir la fécula con 1/2 taza del líquido del ananá y agregar la parte procesada.

• Calentar sobre el fuego revolviendo continuamente hasta que hierva 1 minuto.

• Retirar del fuego, endulzar con el edulcorante y esperar a que entibie. Volcar entonces sobre la torta. Llevar a la heladera hasta que cuaje.

• Cortar a vivo las naranjas con un cuchillo filoso sobre un bol (para no desperdiciar el jugo) de modo de obtener gajos sin hollejo. Escurrirlos y reservarlos.

• Diluir la gelatina con 1/2 taza de jugo de naranjas y calentar sobre el fuego sin revolver hasta que rompa el hervor. Retirar y dejar entibiar hasta que tome punto jarabe.

• Mezclar con el queso blanco la gelatina, la esencia de vainilla, el edulcorante y la restante cucharada de ralladura de naranja.

• Volcar sobre la torta y llevar a la heladera hasta que adquiera firmeza.

• Decorar entonces con una guarda de gajos de naranja, un centro de semillas de amapola y en derredor los triángulos de ananá.

• Servir bien fría, desmontando previamente con cuidado el aro.

CUÁNDO SE RECOMIENDA	PORQUE
• Para combatir la osteoporosis, la hipertensión, el colesterol alto y los resfríos.	• El queso blanco aporta gran cantidad de calcio, y la naranja, vitamina C. Los ingredientes son bajos en sodio y no poseen colesterol.

Ciruelas & almendras

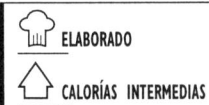 ELABORADO

 NO TAN RÁPIDO

 MENOS ECONÓMICO

CALORÍAS INTERMEDIAS

COMIDA PARA RECIBIR

■ QUÉ SE NECESITA

6 claras • 1/2 taza de azúcar • 1/2 taza de harina • 2 cucharaditas de esencia de almendras • 1 kg de ciruelas (preferentemente remolacha) • 2 cucharadas de licor Amaretto o Fra Angélico • 6 claras • aproximadamente 6 cucharadas de edulcorante granulado • 70 g de almendras

■ CÓMO SE PREPARA

• Precalentar el horno a temperatura moderada.
• Cubrir una placa con papel para cocinar o papel manteca de cocina.
• Batir 6 claras a punto nieve. Sumar el azúcar y la esencia de almendras y seguir batiendo hasta que las claras tomen un color brillante.
• Incorporar la harina tamizada y con el batidor integrar rápida y suavemente (verificar que no queden grumos).
• Volcar inmediatamente esta preparación en la placa forrada, emparejar con espátula y cocinar en horno fuerte durante 8 a 9 minutos o hasta que al tocar la preparación no quede pasta adherida a los dedos.
• Sacar del horno y dejar enfriar. Retirar el papel del pionono de claras. Poner nuevamente en la fuente.
• Partir al medio las ciruelas, descarozar y cortar en cuartos. Cocinarlas tapadas, a fuego suave, hasta que se desarmen. Procesar con el licor y endulzar con el edulcorante a gusto.
• Con una espátula desparramar esta compota por encima del pionono.
• Batir las restantes claras a punto nieve. Agregar las 6 cucharadas del edulcorante granulado y seguir batiendo hasta que estén bien firmes.
• Con una cuchara poner por encima de la compota la preparación de claras, tratando de hacer picos. Cocinar en horno fuerte hasta que las claras se endurezcan y doren.
• Hervir las almendras durante 45 segundos en abundante agua. Pelarlas simplemente presionando la piel con los dedos.
• Con un cuchillo bien afilado cortar en tajadas finas (filetearlas). Ponerlas en una sartén en seco y a fuego moderado tostarlas, removiendo en forma continua.
• Echar estas almendras fileteadas y tostadas por encima de la preparación. Cortar la preparación en cuadrados y servir tibia o fría.

CUÁNDO SE RECOMIENDA	PORQUE
• Combatir el colesterol alto, la hipertensión, la debilidad y el estreñimiento.	• Es un postre de bajísimo sodio, cero colesterol y únicamente con la grasa poliinsaturada de las almendras, que ayuda a bajarlo y aporta mucha fibra.

Strawberry Fields

 ELABORADO    NO TAN RÁPIDO    MENOS ECONÓMICO

BAJAS CALORÍAS   COMIDA PARA RECIBIR

■ QUÉ SE NECESITA

Masa: 1/3 de taza de edulcorante granulado • 50 g de azúcar •1/4 de taza de aceite de maíz • leche en cantidad necesaria • 250 g de harina • 100 g de fécula de maíz • 1 cucharadita de esencia de vainilla
Relleno: 400 g de ricota descremada • 4 cucharadas de salvado de avena • ralladura de la cáscara de 1 limón • 1 cucharadita de esencia de vainilla • 500 g de frutillas • 1 sobre de gelatina de frutillas dietética • edulcorante a gusto.

■ CÓMO SE PREPARA

• Procesar todos los ingredientes de la masa adicionando la leche de a poco hasta que se forme un bollo.
• Estirar un poco el bollo con el palo de amasar y luego pasarlo a una tartera enmantecada y enharinada, de 22 cm de diámetro, y seguir estirándolo con las manos, del centro hacia los bordes, hasta cubrir toda la base y las paredes del molde.
• Pinchar bien la masa y hornear a temperatura moderada durante 9 a 10 minutos, o hasta que la masa esté cocida. Retirar y dejar entibiar.
• Mientras tanto escurrir la ricota, retirando todo el suero, mezclar con la esencia de vainilla, la ralladura de limón, el edulcorante y el salvado de avena.
• Dejar reposar 30 minutos (para que el salvado de avena absorba el exceso de humedad de la ricota y la aglutine) y luego rellenar la masa de tarta.
• Cortar las frutillas a lo largo por la mitad y endulzar con edulcorante.
• Acomodarlas por encima de la ricota, poniendo la parte plana de las frutillas contra el relleno, hacer dos capas como mínimo.
• Preparar la gelatina dietética de frutilla siguiendo las indicaciones del envase, pero reduciendo el líquido en 1/3 parte. Esperar hasta que entibie y espese.
• Recién entonces cubrir con ella las frutillas y llevar a la heladera varias horas, para que solidifique la gelatina.
• Servir bien fría, acompañada con música de los Beatles.

CUÁNDO SE RECOMIENDA	PORQUE
• Para bajar de peso y combatir la osteo-porosis, la hipertensión, el colesterol alto y los resfríos.	• Todos los ingredientes son bajos en grasas, sodio, colesterol y calorías. Las frutillas aportan vitamina C, y la ricota, calcio.

Todo sobre el azúcar

Nutricionalmente, el azúcar refinado —blanco— no aporta proteínas, minerales, vitaminas, ácidos grasos ni fibras. Lo único que realmente aporta son calorías. De manera más específica, calorías "huecas", ya que no brindan ningún beneficio al organismo, más allá de la energía y el placer del paladar.

El azúcar se encuentra en la naturaleza en distintas formas, como la lactosa en la leche, la sacarosa en la caña de azúcar y la fructosa en las frutas. También la miel, con su combinación de glucosa, fructosa y sacarosa, es un edulcorante natural. Pero en cuanto estos tipos de azúcar son extraídos de su fuente natural y se los concentra, no sólo pierden sus cualidades benéficas sino que se prestan a ser consumidos en grandes cantidades. ¿Acaso podríamos consumir 1 kg de sacarosa por semana, como ocurre en muchos países occidentales, si en vez del blanco azúcar refinado utilizáramos la caña de azúcar? Indudablemente no. La gran cantidad de fibra que la caña posee hace prácticamente imposible semejante consumo. **Por eso, aunque exista el azúcar en la naturaleza —y por ende pueda llevar el mote de "natural"— deja de serlo cuando se lo concentra.**

Pero no hay que exagerar. Un consumo **moderado** de azúcar o miel, utilizando pequeñas cantidades, no es perjudicial para la salud. De hecho, lo único que se ha podido comprobar es que ataca el esmalte dentario, produciendo caries; de allí la recomendación de los dentistas de cepillarse los dientes después de consumir algo dulce. Utilizado con inteligencia, el azúcar se puede convertir en un aliado, ya que sirve para hacer más atractivos todo tipo de alimentos "sanos". Nadie puede discutir que una *mousse* de frutas, unos *muffins* de salvado de avena o incluso un merengue de claras será mucho más apetitoso si en su confección se pone un poco de azúcar. Además, todavía no está dicha la última palabra sobre cuál es el efecto de su principal reemplazante —el edulcorante artificial— en nuestro organismo. Personalmente, recomiendo utilizar aquellos que no contienen ciclamatos, de preferencia los que tienen como principal componente *aspartame*, pero también con estos productos debe primar la moderación.

Entender cómo funciona la glucosa en nuestro cuerpo es una interesante forma de tomar conciencia sobre las ventajas de un moderado consumo en los dulces. El azúcar o glucosa en sangre es la mayor fuente de energía para todas las células de nuestro organismo. Un ejemplo de ello es nuestro cerebro, que necesita de un nivel determinado de glucosa así como un auto necesita un nivel de nafta para andar. Si bien la explicación es un poco compleja, podemos decir que cuando baja el nivel de glucosa en sangre, nuestro organismo se moviliza y emite señales tan simples como el hambre, ya que busca que consumamos algo para estabilizarse. Si no lo hacemos utilizará el glucógeno almacenado en el hígado y en casos muy extremos puede recurrir al tejido muscular para convertir sus proteínas en glucosa. Este proceso es mucho más común de lo que pensamos. De hecho, se da en la mayoría de las personas varias veces durante el día, entre 2 y 4 horas después de comer, sin que lo notemos. Algunos poseen una sensibilidad ante este proceso, que se traduce en una súbita pérdida de energía, irritabilidad, dolor de cabeza, depresión o, más comúnmente, somnolencia. Puede ser útil para estos casos **ingerir entre comidas una moderada cantidad de hidratos de carbono con alto nivel de fibra** (arroz integral, pan integral, salvado de avena) **ya que lentamente serán transformados en glucosa, evitando el "pico de glucosa" que el azúcar u otros dulces podrían producir.**

Lo más importante es entender que la glucosa que necesitamos no sólo se obtiene del azúcar o las golosinas. Nuestro cuerpo convierte los hidratos de carbono en glucosa, y también las proteínas (aunque esto último no es muy aconsejable). Por el contrario, las grasas no pueden convertirse en glucosa pero —como bien lo sabe cualquiera que haya engordado porque comió muchos dulces— la glucosa sí puede convertirse en grasa.

Para mantener un nivel adecuado de glucosa en sangre lo ideal es hacer un consumo selectivo de hidratos de carbono, como frutas, hortalizas y cereales, ya que entonces la glucosa vendrá acompañada de vitaminas, fibras y minerales.

Un último detalle: la miel es, en el nivel nutricional, ligeramente mejor que el azúcar pero sigue siendo una importante fuente de calorías; por lo tanto, el mejor consejo para su consumo sigue siendo el de la **moderación.**

CAPÍTULO 11

Los platos clásicos de la cocina: más saludables y nutritivos

El arte de la sustitución

Convertir un plato tradicional, en realidad un plato tradicionalmente lleno de grasa, en uno saludable no es tarea fácil pero tampoco imposible, como lo demuestran las recetas que a continuación encontrará. Si bien me niego a adaptar una *mousse* de chocolate, porque creo que el sabor del chocolate es inimitable, o el panqueque con dulce de leche porque pienso igual del famoso invento argentino (polémicas aparte), podrá comprobar que muchas otras comidas se pueden y se deben adaptar, ya que es una excelente estrategia para darse el gusto sin tirar la dieta por la borda. Así, comprobará que es posible preparar de manera más sana el panqueque de manzana, el *Lemon Pie*, la carbonada y muchos clásicos más. Eso sí: no encontrará ni el "Cuándo" ni el "Porque", ya que no tiene sentido enfatizar los beneficios de estos platos.

Antes de pasar a las recetas quiero referirme a lo que he bautizado "el **Arte de la Sustitución**". *Considero que es un verdadero arte saber reemplazar los ingredientes y las técnicas de cocción nocivos para nuestro organismo por otros más sanos, sin perder sabor ni presentación.* Por eso me gustaría que tuviera en cuenta estas técnicas para desarrollar usted mismo este arte:

• Reemplazar la manteca y la margarina por aceite, preferentemente de oliva.

• Sustituir los lácteos enteros por descremados.

• Usar yogur entero de sabor natural en vez de crema.

• Reemplazar en las recetas la carne vacuna por aves y mucho mejor por pescados.

• Aglutinar las preparaciones en lugar de con 1 yema, con 2 claras y 1 cucharada de salvado de avena.

• Desgrasar totalmente el alimento antes de cocinarlo.

• Sustituir los hidratos de carbono simples por complejos (cereales integrales, hortalizas).

• En vez de dorar las carnes en la sartén tostarlas en la parrilla del horno.

• Cocinar sin piel todas las aves.

• Sustituir los quesos duros (que son los más grasos) por los blandos dietéticos (port salut).

• Utilizar en las recetas, siempre que se pueda, técnicas de cocción al vapor, de microondas y con material antiadherente.

• Laquear las aves cocidas al horno sin piel con aceites coloreados con cúrcuma, pimentón o salsa de soja.

- Hacer lo imposible para incorporar el salvado de avena en las comidas, utilizándolo, por ejemplo para rellenar, espesar, empanar.
- Aromatizar con vinos y licores, reduciéndolos para evaporar el alcohol.
- Espesar las salsas con harina o fécula de maíz y aceite en reemplazo del *roux* de manteca y harina.
- Consumir pan integral *diet* sin colesterol o pan blanco de panadería.
- Hidratar las preparaciones a la cacerola o al horno con caldo casero de verduras, jugos de frutas o vinos.
- Incluir legumbres en todo lo que se pueda, ya sea como guarnición o "disfrazadas", espesando un relleno o una salsa.
- Sustituir el azúcar por edulcorante granulado o por poca miel (aunque es más natural, tiene muchas calorías).
- Intensificar los sabores agridulces de los platos, empleando miel y limón, o frutas y cebolla.
- Condimentar con hierbas y especias, ya que son ricas, variadas y sanas.

Ensalada Waldorf

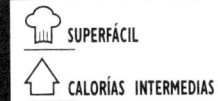 SUPERFÁCIL  MUY RÁPIDO  ECONÓMICO

CALORÍAS INTERMEDIAS COMIDA PARA RECIBIR

■ QUÉ SE NECESITA

3 manzanas • 150 g de nueces • 1 planta pequeña de apio • jugo de 1 limón • 150 g de queso blanco dietético • 100 g de mayonesa dietética sin colesterol • pimienta blanca recién molida, a gusto

■ CÓMO SE PREPARA

• Poner las nueces en una sartén limpia y tostarlas apenas.
• Lavar el apio, separar las hojas y pelar con el pelapapa rama por rama para sacarles los hilos.
• Cortar en diagonal finamente.
• Pelar las manzanas, descorazonarlas y cortarlas en delgados bastones. Rociar rápidamente con el jugo de limón para evitar su oxidación.
• Ubicar las manzanas, el apio y las 2/3 partes de las nueces en un bol. Salpimentar.
• Agregar la mezcla de queso blanco y mayonesa. Mezclar bien. Salpicar con el resto de las nueces y servir.

Ensalada César

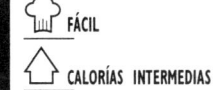

■ QUÉ SE NECESITA

2 plantas de lechuga, preferentemente mantecosa • 4 dientes de ajo • 1/2 taza de aceite de oliva • 70 g de queso parmesano • 4 rebanadas de pan de salvado o integral • 4 cucharadas de aceite de oliva
Aliño: 4 filetes de anchoas en aceite • 1 cucharada de mostaza tipo Dijon • jugo de 1 limón

■ CÓMO SE PREPARA

• Pelar los dientes de ajo. Reservar uno y el resto picarlos con las anchoas hasta obtener una pasta.
• Cortar en cuadraditos las rebanadas de pan.
• Calentar en una sartén 4 cucharadas de aceite de oliva y dorar apenas 1 diente de ajo. Descartarlo.
• Echar los trocitos de pan y a fuego moderado cocinar 2 o 3 minutos, sacudiendo la sartén, hasta que adquieran un ligero tono dorado.
• Esparcir los *croûtons* sobre papel absorbente.
• Cortar la base a las plantas de lechuga y separar sus hojas. Cortarlas en trozos con las manos y colocarlas en un colador. Lavar bien bajo el chorro de agua fría.
• Escurrir toda el agua (de ser posible dejar unos minutos para asegurarse de que no quede líquido).
• Agregar el aceite y la mostaza a la pasta de anchoas, batir y sumar el jugo de limón. Volver a batir hasta obtener una emulsión.
• Cubrir con este aliño las hojas de lechuga, mezclando para que se impregnen. Agregar la mitad de los *croûtons* y el queso rallado. Revolver.
• Ubicar en ensaladera o platos y salpicar con el resto de los *croûtons*.

Ensalada Caprice

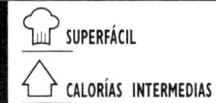 SUPERFÁCIL

 MUY RÁPIDO

 ECONÓMICO

CALORÍAS INTERMEDIAS

COMIDA PARA RECIBIR

■ QUÉ SE NECESITA

400 g de queso mozzarella dietético (se consigue en las buenas dietéticas)
• 4 tomates redondos pequeños (tipo tommy)
Aliño: 1 planta de albahaca fresca • 1 diente de ajo • 2 cucharadas de
vinagre de manzana • 1/4 de taza de aceite de oliva • pimienta negra, a
gusto   + pulled eggplant

■ CÓMO SE PREPARA

• Lavar la albahaca y escurrirla. Retirar las hojas, reservar las más lindas
para decorar y picar el resto.
• Pelar y picar el ajo.
• Hacer el aliño mezclando el vinagre con sal (si se optó por ella) y
agregar la pimienta y el aceite. Batir hasta emulsionar.
• Sumar la albahaca picada y el ajo. Volver a batir.
• Cortar los tomates en ruedas y la mozzarella en finas tajadas.
• Acomodar ambos ingredientes en una fuente o en platos,
intercalándolos de modo tal de obtener un abanico. Salsear con el aliño.
• Decorar con las hojas reservadas de albahaca. Servir enseguida.

+ roasted peppers

Truchas con almendras

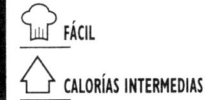

FÁCIL

CALORÍAS INTERMEDIAS

RÁPIDO

COMIDA PARA RECIBIR

MENOS ECONÓMICO

■ QUÉ SE NECESITA

4 truchas "plateras" (del tamaño de un plato playo) limpias • 3 cucharaditas y 3 cucharadas de estragón francés • 4 cucharadas de jugo de limón • 1 taza de vino blanco • 30 g de manteca • 100 g de almendras sin cáscara

■ CÓMO SE PREPARA

• Hervir 1 minuto las almendras en un jarro con agua. Colar y enfriar bajo el chorro de agua fría.

• Presionarlas con el dedo gordo y el índice para sacarles la piel. Filetearlas.

• Ponerlas en una sartén limpia y tostarlas (¡que no se quemen!). Reservar.

• Aceitar ligeramente un vaporizador (ideal el de bambú) y apoyar las truchas sin encimar.

• Ponerlo en una cacerola con agua y las 3 cucharadas de estragón. Vaporizarlas 7 minutos o hasta que cambien ligeramente de color.

• Poner el vino blanco, el jugo de limón, las 3 cucharaditas de estragón y la manteca en otro jarrito y hervir 5 minutos.

• Retirar del fuego y sumarle las almendras.

• Servir las truchas al plato rociadas con la salsa de almendras.

Mayonesa de ave

 ELABORADO

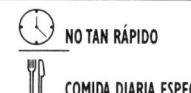 NO TAN RÁPIDO

 ECONÓMICO

CALORÍAS INTERMEDIAS

COMIDA DIARIA ESPECIAL

■ QUÉ SE NECESITA

4 pechugas de pollo • 2 puerros • 2 zanahorias • 3 ramas de apio • 2 cebollas de verdeo • 1 hoja de laurel • 1 cucharada de granos de pimienta blanca • 2 papas • 1 cebolla • 1 pimiento morrón rojo • 3 claras • 1 cucharada de mostaza en pasta tipo americana • 1/2 cucharadita de cúrcuma • 1/4 de taza de aceite de maíz • 1 cucharada de jugo de limón • 1/4 de cucharadita de jengibre molido • 1 ramito de perejil

■ CÓMO SE PREPARA

• Sacar la piel y toda la grasa visible de las pechugas.
• Cortar "groseramente" los puerros, las zanahorias, el apio y la cebolla de verdeo.
• Poner en una cacerola junto con el laurel y los granos de pimienta. Cubrir con abundante agua y hervir 10 minutos.
• Recién entonces incorporar las pechugas y a fuego moderado hervir 10 minutos. Dejar enfriar todo en el caldo.
• Pelar las papas y cortar en cuadraditos. Cocinar al vapor o hervir hasta que estén cocidas pero firmes. Reservar.
• Cortar el pimiento morrón al medio, desechar las semillas y hacer una juliana. Volver a cortar de modo de obtener trocitos muy pequeños.
• Picar las hojas del perejil.
• Rallar la cebolla.
• Hacer la mayonesa anticolesterol batiendo las claras a medio punto —sin llegar a punto nieve— y agregar la mostaza y la cúrcuma.
• Volver a batir hasta que la preparación tome un color parejo. Incorporar de a poco el aceite mientras se sigue batiendo.
• Agregar el jugo de limón y el jengibre. Batir una vez más y probar la sazón.
• Escurrir las pechugas y "deshilachar" con las manos. Mezclar con las papas, el morrón, la cebolla, el perejil y la mayonesa anticolesterol.
• Poner en una fuente y dejar un par de horas en la heladera antes de servir.

Pollo al estragón

 **FÁCIL**

 **NO TAN RÁPIDO**

 **ECONÓMICO**

BAJAS CALORÍAS

COMIDA PARA RECIBIR

■ QUÉ SE NECESITA

1 pollo de 2 kg • 5 cucharadas de aceite de maíz • 1 taza de caldo "verdurasano" (ver receta en este libro) • 1/2 taza de vino blanco • 1/2 taza de salsa bechamel light (ver receta en este libro) • 1 cucharada de estragón francés • pimienta blanca recién molida, a gusto

■ CÓMO SE PREPARA

• Sacarle la piel y toda la grasa visible al pollo. Trozarlo en 8.

• Calentar el aceite, si es posible, en una cacerola antiadherente.

• A fuego moderado dorar el ave de todos lados.

• Agregar el vino blanco. Reducir. Incorporar el caldo y el estragón.

• Cocinar tapado durante 30 minutos; de ser necesario, adicionar más caldo.

• Sumar la salsa bechamel *light*, mezclar y cocinar a fuego suave 10 minutos más.

• Retirar, pimentar si se desea, colar la salsa y servir.

Coq au vin

■ QUÉ SE NECESITA

1 pollo de 2 kg • 1/2 kg de cebollitas (se venden en los supermercados) • 3 échalotes • 2 zanahorias • 250 g de champiñones • 1 botella de 3/4 de un buen vino tinto • 5 cucharadas de aceite de maíz • 1 cucharada de harina • 3 cucharaditas de tomillo • 1 hoja de laurel • pimienta blanca recién molida, a gusto

■ CÓMO SE PREPARA

• Retirar toda la piel y la grasa visible del pollo. Trozar en 8.

• Pelar y picar los échalotes.

• Lavar bien las zanahorias y pasarlas por la mandolina dentada.

• Poner el vino tinto en un jarro y calentar sobre fuego suave, haciéndolo reducir hasta obtener 1/2 litro. Reservar.

• Calentar el aceite y a fuego fuerte dorar el ave. Retirar.

• Desechar el exceso de aceite, dejando 1 o 2 cucharadas y a fuego suave rehogar el échalote.

• Agregar las cebollitas y las zanahorias y darles unas vueltas para que se impregnen.

• Volver el pollo a la cacerola y espolvorear con la cucharada de harina. Humedecer con el vino reducido, el tomillo y el laurel.

• Cocinar tapado a fuego moderado suave 45 minutos, agregar caldo "verdurasano" (ver receta en este libro) si fuera necesario.

• Incorporar los champiñones enteros y cocinar 12 minutos más. Retirar, pimentar y servir.

Pollo
a la provenzal

🍳 SUPERFÁCIL   🕐 RÁPIDO   💲 MUY ECONÓMICO

🏠 CALORÍAS INTERMEDIAS   🍴 COMIDA DIARIA ESPECIAL

■ QUÉ SE NECESITA

1 pollo de 2 kg • 5 dientes de ajo • 1 ramito de perejil fresco • 4 cucharadas de aceite de oliva • 1 taza de caldo "verdurasano" (ver receta en este libro) • pimienta blanca recién molida, a gusto

■ CÓMO SE PREPARA

• Retirarle la piel al pollo y desgrasarlo por completo. Trozar en ocho.

• Ubicarlo sobre una rejilla de metal y ponerla sobre una fuente con agua. Cocinar en horno fuerte 15 minutos.

• Mientras tanto picar el ajo. Picar las hojas del perejil.

• Retirar de la rejilla las presas de pollo y poner en otra fuente. Cubrir con la mezcla de caldo, el ajo y el perejil.

• Cocinar a fuego moderado durante 30 minutos, humectarlo con su propio líquido varias veces.

• Servir el pollo con su salsa.

Pollo a la Marengo*

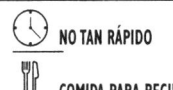

■ QUÉ SE NECESITA

1 pollo de aproximadamente 2 kg • 4 tomates perita rojos pero firmes • 1 cucharada de extracto de tomate • 2 dientes de ajo • 8 cebollitas (se consiguen en el supermercado) • 8 langostinos cocidos • 200 g de champiñones pequeños • 1/2 taza de vino blanco • 1 taza de caldo "verdurasano" (ver receta en este libro) • 4 tajadas de pan integral o de salvado • 1 ramito de perejil fresco • 1 hoja de laurel • 12 cucharadas de aceite de oliva

■ CÓMO SE PREPARA

• Retirar toda la piel y la grasa visible del pollo. Trozar en 8.

• Picar las hojas de perejil. Reservar.

• Calentar la mitad del aceite de oliva en una cacerola antiadherente y a fuego moderado dorar el ave de ambos lados. Retirar.

• Desechar el exceso de grasa que haya quedado, dejando tan solo un par de cucharadas y saltar las cebollitas hasta que tomen color. Agregar el vino y reducir.

• Incorporar los tomates pelados, sin semillas y picados, 1 diente de ajo muy picado, el extracto de tomate, el caldo y la hoja de laurel. Volver el ave a la cacerola, tapar y cocinar durante 25 minutos. Sumar los champiñones y cocinar 10 minutos más.

• Pincelar de ambos lados las tajadas de pan con la mitad del aceite de oliva que quedó y tostar en una sartén o en el horno. Retirar, frotar el pan con el diente de ajo reservado y cortar en diagonal en dos, de modo de obtener triángulos.

• Aparte, calentar en una sartén antiadherente el resto del aceite de oliva y saltar a fuego vivo los langostinos.

• Servir al plato el pollo con las cebollitas y champiñones, bañar con la salsa y guarnecer con los langostinos y los *croûtons* de pan.

• Espolvorear en el momento de servir con el perejil fresco picado.

---

* **ADAPTACIÓN LIBRE DEL PLATO CREADO POR DUNAND, CHEF DE NAPOLEÓN BONAPARTE. LA LEYENDA DICE QUE CREÓ EL PLATO A PARTIR DE UNA GALLINA, 5 TOMATES, 6 CANGREJOS DE RÍO, 3 HUEVOS, ALGO DE ACEITE, AJO Y PAN, ELEMENTOS QUE ENCONTRÓ EN LAS ZONAS ALEDAÑAS AL CAMPO DE BATALLA LUEGO DE LA VICTORIA LOGRADA EN LA BATALLA DE MARENGO (14 DE JUNIO DE 1800).**

Supremas
a la Villeroy

■ QUÉ SE NECESITA

4 supremas de pollo • 2 puerros • 2 cebollas de verdeo • 2 ramas de apio • 1 zanahoria • 2 tazas de leche descremada • 3 cucharadas de fécula de maíz • 4 cucharadas de aceite de maíz • 1 cucharada de granos de pimienta blanca • nuez moscada y pimienta blanca, a gusto • pan rallado y salvado de avena, en cantidad necesaria

■ CÓMO SE PREPARA

• Cortar "groseramente" los blancos de puerro, las cebollas de verdeo, las ramas de apio y la zanahoria.

• Echar en una cacerola junto con los granos de pimienta blanca y 3 litros de agua. Hervir durante 20 minutos.

• Agregar las supremas y hervir a fuego bajo durante 12 minutos. Apagar el fuego y dejar enfriar en el caldo. Escurrir las supremas.

• Aparte, diluir la fécula con la leche, agregando esta última de a poco para que no se produzcan grumos.

• Calentar sobre el fuego revolviendo en forma continua hasta que rompa el hervor.

• Retirar del fuego y adicionar el aceite. Volver a mezclar.

• Condimentar con la nuez moscada y la pimienta.

• Entibiar. Ubicar en una fuente.

• En otra fuente poner pan rallado y salvado de avena en partes iguales.

• Pasar las supremas por la salsa bechamel *light* para que queden recubiertas.

• Rebozarlas con la mezcla de pan rallado y salvado de avena.

• Ubicarlas en una fuente antiadherente pincelada con aceite y cocinar en horno a temperatura fuerte hasta que adquieran un tono dorado.

• Servir con ensaladas de hortalizas crudas.

Pollo
al oreganato

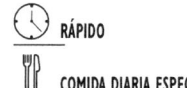

■ QUÉ SE NECESITA

1 pollo de 2 kg • 3 cebollas de verdeo • 6 cucharadas de aceite de oliva • 2 cucharadas de orégano • 1/2 taza de vino blanco • 2 tazas de caldo "verdurasano" (ver receta en este libro) • pimienta blanca recién molida, a gusto

■ CÓMO SE PREPARA

• Retirarle la piel al pollo y desgrasarlo por completo. Trozar en ocho.

• Calentar la mitad del aceite en una cacerola antiadherente y dorar el ave de todos lados. Retirar.

• Picar las cebollas de verdeo sin utilizar la parte verde.

• Poner en la cacerola con el restante aceite y rehogar a fuego bajo, tapado, hasta que transparente. Incorporar el vino. Reducir.

• Agregar el caldo y el orégano. Cocinar destapado unos minutos.

• Sumergir el ave en este caldo. Tapar y cocinar a fuego moderado durante 30 a 35 minutos.

• Retirar el pollo de la cacerola y, de ser necesario, reducir la salsa. Condimentarla con pimienta y cubrir con ella el pollo.

Matambre de lomo

■ QUÉ SE NECESITA

1 lomo de 1 y 1/2 kg • 3 zanahorias ralladas • 2 pimientos morrones rojos • 1 pimiento morrón verde • 5 dientes de ajo • 1 ramillete de perejil • 2 cucharaditas de orégano • 3 cucharaditas de chile • 1 y 1/2 cucharadita de fenogreco o comino molido • 2 sobres de gelatina sin sabor o 3 cucharaditas de agar-agar

■ CÓMO SE PREPARA

• Poner los pimientos morrones en la parrilla del horno y asarlos de todos lados a fuego fuerte, hasta que la piel esté ligeramente quemada.

• Retirarlos, poner en una bolsa tipo freezer, cerrarla y dejar que enfríen en ella. Sacarlos de la bolsa y desprender la piel con las manos. Desechar las semillas y cortar en finas tiras. Reservar.

• Desgrasar el lomo lo más que se pueda.

• Hacer un corte a lo largo (tipo libro) sin llegar a cortarlo en dos.

• Taparlo con papel film y aplastarlo con una masa hasta lograr un espesor de 5 mm.

• Emparejarlo cortando los bordes para obtener un rectángulo.

• Salarlo (si se puede consumir sal) y hacer una capa con la zanahoria rallada. Espolvorear con 1 cucharadita de chile y el fenogreco o comino.

• Esparcir la mitad de la gelatina o agar-agar (en ambos casos, en polvo).

• Cubrir con los pimientos morrones. Condimentar con el orégano y otra cucharadita de chile.

• Picar el ajo y el perejil. Poner por encima de los morrones.

• Esparcir el resto de la gelatina.

• Arrollar el matambre de una punta y atarlo de la manera típica. Envolverlo en papel de aluminio y ubicarlo en una fuente para horno con 1 cm de agua.

• Cocinar en horno más bien fuerte 20 minutos de cada lado.

• Retirar del horno y prensar (se puede poner entre dos tablas con un peso encima).

• Lo ideal es que repose una noche en la heladera antes de cortarlo.

• Rebanarlo y servir frío o caliente con ensaladas verdes.

(Ver foto)

Puchero

🍳 **FÁCIL** ⏱ **RÁPIDO** 💲 **MENOS ECONÓMICO**

⌂ **CALORÍAS INTERMEDIAS** 🍴 **COMIDA DIARIA**

■ QUÉ SE NECESITA

700 g de peceto • 3 puerros • 5 ramas de apio • 2 cebollas de verdeo • 3 zanahorias • 3 batatas • 4 papas medianas • 1 calabacita de cuello largo • 3 choclos • 1 taza de garbanzos previamente hervidos • 2 hojas de repollo blanco • 1 ramito de perejil fresco • aceite de oliva, cantidad necesaria

■ CÓMO SE PREPARA

• Lavar bien los puerros, las cebollas de verdeo y las ramas de apio, cortarlos a lo largo "groseramente".

• Colocar en una cacerola grande junto con el perejil y las hojas de repollo. Cubrir con 5 litros de agua. Tapar y dejar que hierva durante 10 minutos.

• Incorporar el peceto y cocinar semitapado durante 1/2 hora.

• Agregar las zanahorias cortadas en trozos de 3 cm, las papas peladas y los garbanzos. Hervir 10 minutos.

• Agregar las batatas y la calabacita peladas y en trozos grandes y los choclos sin chala ni barba partidos en dos. Hervir 10 minutos más.

• Retirar la carne y cortar en rodajas.

• Acomodar en una fuente las rodajas de carne y en derredor ubicar las papas, batatas, calabaza, choclo y garbanzos. Rociar con el aceite de oliva.

• Colar el caldo y servirlo en tazas de consomé.

• Llevar todo a la mesa de inmediato.

Locro

🍳 ELABORADO   🕐 NO TAN RÁPIDO   💲 ECONÓMICO

⌂ ALTAS CALORÍAS   🍴 COMIDA DIARIA ESPECIAL

■ QUÉ SE NECESITA

7 choclos • 1 kg de carnaza • 1 trozo de zapallo • 2 batatas • 3 papas • 2 zanahorias • 2 cebollas • 4 cucharadas de aceite de maíz • 1 cucharada de pimentón • 2 cucharaditas de chile o pimiento picante

■ CÓMO SE PREPARA

• Llenar hasta la mitad con agua una cacerola de hierro grande (o, si no se tiene, una de material común). Poner a calentar sobre el fuego. Mientras tanto, sacar con el cuchillo los granos de choclo del marlo. Echarlos en el agua.

• Desgrasar totalmente la carne y cortarla en trozos. Agregar a la cacerola.

• Cortar el zapallo en trozos y sumar a lo anterior.

• Pelar las batatas y papas. Cortarlas "groseramente" al igual que la zanahoria, e incorporar a la cacerola.

• Cocinar a fuego bajo durante 30 minutos o hasta que todo esté cocido y a punto.

• Mientras, picar finamente la cebolla. Ubicarla en una sartén antiadherente junto con el aceite y rehogar a fuego suave.

• Cuando transparente, sumar el pimentón y el chile, mezclar y retirar.

• Acompañar el locro con esta salsita.

Carbonada criolla

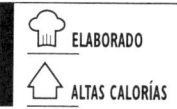 ELABORADO

 NO TAN RÁPIDO

 ECONÓMICO

ALTAS CALORÍAS

COMIDA PARA RECIBIR

■ QUÉ SE NECESITA

1 kg de carnaza • 3 tomates • 4 ramas de apio • 2 papas • 2 batatas • 1 trozo de zapallo • 3 choclos • 3 duraznos • 2 manzanas • 3/4 de taza de arroz (preferentemente integral) • 1 cebolla • 2 dientes de ajo • 1 litro de caldo "verdurasano" (ver receta en este libro) • 1/4 de taza de aceite de maíz • 1 puerro • 1 hoja de laurel • 3 ramitas de perejil • 3 ramitas de tomillo

■ CÓMO SE PREPARA

• Pelar el ajo y picarlo.

• Picar la cebolla.

• Desgrasar totalmente la carne y cortarla en trocitos.

• Pelar, retirar las semillas y picar los tomates.

• Lavar bien el apio y cortar finamente.

• Calentar apenas el aceite en una cacerola grande y rehogar la cebolla, el ajo, el apio y la carne. Cuando ésta cambie de color incorporar el tomate y el caldo.

• Cortar las hojas del puerro y abrirlo a la mitad. Lavar bien. Poner en el centro la hoja de laurel, las ramitas de perejil y tomillo (como si hiciera un sandwich). Atar con un hilo y sumergir en la cacerola. Cocinar tapado a fuego suave 25 minutos.

• Mientras tanto, pelar las papas, el zapallo y las batatas. Cortar en trozos.

• Agregar a la cacerola a los 25 minutos junto con los choclos y cocinar 20 minutos más.

• Pelar los duraznos y manzanas, sacarles el centro y cortar en dados. Incorporar a la cacerola junto con el arroz y un poco de agua.

• Cocinar tapado a fuego bajo hasta que el arroz esté a punto, poniendo más agua de ser necesario. Debe quedar una preparación no muy caldosa.

• Servir en cazuelitas.

Carne a la Stroganoff

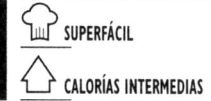 SUPERFÁCIL   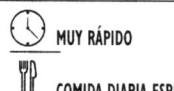 MUY RÁPIDO    MENOS ECONÓMICO

CALORÍAS INTERMEDIAS   COMIDA DIARIA ESPECIAL

■ QUÉ SE NECESITA

1 kg de lomo • 3 cucharadas de aceite de maíz • 1 cebolla • 1/2 litro de caldo "verdurasano" (ver receta en este libro) • 1 cucharada de salsa Worcester • 2 cucharadas de harina • 2 cucharadas de extracto de tomates • 100 g de queso blanco dietético • pimienta negra, a gusto

■ CÓMO SE PREPARA

• Desgrasar totalmente el lomo. Cortarlo en cubos de aproximadamente 2 cm de lado.

• Calentar el aceite en una cacerola y saltear la carne un par de minutos, revolviendo. Retirar.

• Picar finamente la cebolla y rehogarla en la misma cacerola.

• Volver a incorporar la carne a la cacerola. Espolvorear con la harina y mezclar.

• Diluir el extracto de tomate en el caldo y mezclarlo con la salsa Worcester.

• Cubrir con esto la carne.

• Cocinar a fuego suave 15 minutos.

• Agregar el queso blanco, mezclar y calentar sin hervir.

• Retirar y servir con papitas *noisette* al vapor o arroz integral.

¡ Goulash .

Goulash

 **FÁCIL**

 **RÁPIDO**

 **MENOS ECONÓMICO**

BAJAS CALORÍAS

COMIDA DIARIA ESPECIAL

■ QUÉ SE NECESITA

1 kg de lomo • 2 cebollas • 1/4 kg de tomates perita rojos y firmes • 2 cucharadas de harina • 2 dientes de ajo • 1 y 1/2 cucharadita de páprika (picante) • 1 cucharada de pimentón dulce • 6 cucharadas de aceite de maíz

■ CÓMO SE PREPARA

• Pelar, sacarles las semillas y picar los tomates. Pasarlos por procesadora.

• Picar las cebollas.

• Pelar y picar el ajo.

• Calentar el aceite y a fuego fuerte saltear la carne. Retirarla con espumadera.

• Bajar el fuego y rehogar en la misma cacerola la cebolla y el ajo. Reincorporar la carne al fuego. Espolvorear con la harina y revolver. Echar la páprika y el pimentón, mezclar y sumar los tomates. Agregar 3 tazas de agua hirviente.

• Revolver, tapar y cocinar a fuego muy suave durante 1 hora. De ser necesario, adicionar más agua.

• Servir con papas al natural.

Lomo al champiñón

⌂ FÁCIL   ⏱ RÁPIDO $ MENOS ECONÓMICO

△ BAJAS CALORÍAS   🍴 COMIDA PARA RECIBIR

■ QUÉ SE NECESITA

4 medallones de lomo de unos 3 cm de alto • 300 g de champiñones frescos • 1/2 taza de vino blanco • 1/2 taza de vino marsala • 1/2 taza de leche descremada • 1 cucharadita de extracto de carne • 4 cucharadas de aceite de oliva • 2 cucharaditas de fécula de maíz • pimienta blanca recién molida, a gusto

■ CÓMO SE PREPARA

• Lavar los champiñones y cortarlos en láminas.

• Calentar en una sartén antiadherente el aceite y dorar los medallones de lomo a fuego fuerte. Retirar.

• Bajar el fuego y echar en la sartén los champiñones, rehogándolos. Incorporar el vino blanco y el vino marsala. Reducir.

• Agregar el extracto de carne disuelto en 1/2 taza de agua hirviendo.

• Ubicar los medallones de lomo dentro de la sartén y calentar unos minutos.

• Sacarlos de la sartén y agregar en ella la fécula, previamente mezclada con la leche. Calentar sobre el fuego revolviendo continuamente hasta que rompa el hervor.

• Apagar el fuego, pimentar y servir los lomos con la salsa.

• Acompañar con hortalizas al vapor.

Cerdo a la naranja

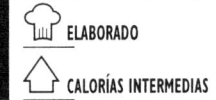 ELABORADO

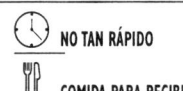 NO TAN RÁPIDO

 MENOS ECONÓMICO

△ CALORÍAS INTERMEDIAS

🍴 COMIDA PARA RECIBIR

■ QUÉ SE NECESITA

1 carré de cerdo de 1 kg • 1/8 de taza de aceite de maíz • 1 y 1/2 cucharadita de jengibre molido • 4 naranjas • 1/2 taza de vinagre de manzana • 1 taza de vino blanco frutado • 1/2 taza de miel • 1 taza de caldo "verdurasano" (ver receta en este libro) • 1 cucharada de fécula de maíz • 1 copita de licor de naranja • pimienta blanca recién molida, a gusto

■ CÓMO SE PREPARA

• Desgrasar totalmente el *carré*. Ubicarlo en una rejilla de metal sobre una fuente con agua.

• Cocinar en el horno a fuego fuerte 15 minutos. Retirar y untar con la mezcla de aceite y jengibre. Asar en el horno 30 minutos más.

• Pelar las naranjas a vivo (con un cuchillo filoso, cortar gajo por gajo, quitando el hollejo). Reservar.

• Aparte, poner en un jarro el vinagre, el vino y la miel y hervir a fuego suave 8 minutos. Agregar el caldo. Hervir 5 minutos.

• Sumar la fécula previamente disuelta con un poco de agua y revolver hasta que la preparación rompa el hervor.

• Incorporar a la salsa el licor de naranja, pimienta y los gajos de naranja cortados a vivo. Cocinar 1 minuto más.

• Retirar del horno el *carré*, cortar en rodajas finas, salsear y servir.

Cerdo
a la cerveza

■ QUÉ SE NECESITA

1 kg de carré de cerdo • 3 cebollas de verdeo • 3 blancos de puerro • 2 zanahorias • 1 rama de apio • 4 cucharadas de aceite de maíz • 1 botella de 3/4 l de cerveza • 3 cucharadas de miel • 2 cucharaditas de bayas de pimienta de Jamaica • 1 rizoma de jengibre seco • 1 cucharada de semillas de mostaza • 1 cucharada de granos de pimienta blanca

■ CÓMO SE PREPARA

• Desgrasar meticulosamente el cerdo.

• Lavar bien todas las hortalizas y cortarlas en diagonal, en trozos de aproximadamente 2 cm.

• Calentar el aceite en una cacerola y a fuego vivo dorar de todos lados el *carré*. Retirar.

• En la misma cacerola pero a fuego suave rehogar todas las hortalizas. Agregar la pimienta de Jamaica, el jengibre, las semillas de mostaza y los granos de pimienta envueltos en una gasa.

• Cubrir con la cerveza y hervir destapado a fuego moderado durante 10 minutos. Sumar la miel.

• Recién entonces volver el *carré* a la cacerola, acomodándolo de tal modo que quede cubierto por el líquido. Tapar y cocinar a fuego suave durante 50 minutos. Sacar el *carré*. Desechar la gasa con las especias. Procesar la salsa y tamizarla.

• Cortar el *carré* en tajadas, bañar con la salsa y servir.

Cerdo
a la mostaza

■ QUÉ SE NECESITA

1 carré de cerdo • 1 cucharada de mostaza tipo americana (la de los panchos)
• 1 cucharada de mostaza tipo Dijon (la francesa) • 2 cucharadas de aceite
de oliva • pimienta blanca, a gusto

■ CÓMO SE PREPARA

• Desgrasar meticulosamente el *carré*. Colocar sobre una rejilla de metal
y apoyarla en una fuente con agua para que escurra toda la grasa.
• Cocinar en horno a temperatura fuerte durante 15 minutos.
• Untar con la mitad de la mezcla de las mostazas y el aceite. Cocinar en
horno moderado 15 minutos.
• Volver a untar con el resto de la pasta de mostaza. Hornear 15 minutos
más.
• Retirar y condimentar con la pimienta. Cortar en rodajas finas.
• Servir con guarnición de hortalizas dulces (batata, calabaza, choclo),
o frío, con ensaladas agridulces.

Guiso de lentejas

 ELABORADO    NO TAN RÁPIDO    ECONÓMICO

ALTAS CALORÍAS    COMIDA DIARIA ESPECIAL

■ QUÉ SE NECESITA

300 g de lentejas secas (mejor si son lentejones) • 100 g de arroz blanco o, mejor, integral • 1 zanahoria mediana • 2 blancos de puerro • 2 ramas de apio • 4 cebollitas de verdeo • 1 pimiento morrón rojo• 3 dientes de ajo • 6 cucharadas de aceite de oliva • 4 cucharaditas de coriandro molido • 2 cucharaditas de chile • 3 cucharaditas de pimentón dulce • 1 hoja de laurel

■ CÓMO SE PREPARA

• Remojar las lentejas con el coriandro unas cuantas horas. Colarlas.
• Ponerlas en una cacerola con agua que las cubra 5 cm y hervir durante 25 minutos agregándoles sal (si optó por ella) en los últimos 10 minutos. Probarlas, y si están tiernas, colar.
• Mientras tanto, picar bien el puerro, el apio y las cebollitas de verdeo.
• Cortar en cuadraditos el pimiento morrón, desechando sus semillas.
• En una sartén antiadherente calentar 2 cucharadas de aceite y rehogar a fuego suave los cinco ingredientes hasta que transparenten.
• Agregar el arroz y granearlo. Sumarle 2 tazas de agua y dejar que las absorba.
• Cortar en cubitos chiquitos la zanahoria. Agregarla junto con las lentejas, la hoja de laurel y el chile. Cocinar 10 minutos más.
• Machacar el ajo y calentarlo junto con el pimentón y el resto del aceite en un cucharón.
• Poner el guiso en los platos y volcarle por encima el aceite con pimentón. Servir con tostadas de pan integral.

Empanada gallega

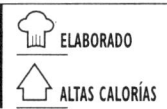 ELABORADO

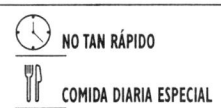 NO TAN RÁPIDO

 MENOS ECONÓMICO

ALTAS CALORÍAS

COMIDA DIARIA ESPECIAL

■ QUÉ SE NECESITA

250 g de harina integral superfina • 50 g de harina blanca • 25 g de levadura de cerveza fresca • 1 cucharada de aceite • 1 cucharadita de azúcar • 1 cucharadita de sal fina • 2 cucharaditas de pimentón dulce • 1 cucharadita de cúrcuma • 1 lata de atún al natural • 1 lata de sardinas • 4 cebollas de verdeo • 2 pimientos morrones rojos • 1/4 de taza de aceite de oliva • 3 dientes de ajo • 1 ramito de perejil • 2 cucharaditas de tomillo • 1 cucharada de pimentón dulce • 1 cucharadita de páprika

■ CÓMO SE PREPARA

• Mezclar la levadura con el azúcar y disolver con 1/4 de taza de agua tibia. Dejar reposar unos minutos o hasta que haga una pequeña espuma.

• En un bol mezclar las dos harinas con la sal, las 2 cucharaditas de pimentón dulce y la cúrcuma.

• Hacer un hueco en el centro y volcar allí la levadura disuelta y el aceite. Integrar todos los ingredientes de a poco, sumando de a chorritos agua tibia en la medida que se necesite.

• Amasar bien el bollo y dejar descansar 25 minutos o hasta que duplique el volumen, en un lugar tibio y tapado con nailon.

• Mientras tanto, picar el ajo y la cebolla de verdeo. Cortar los pimientos morrones al medio, desechar las semillas y cortar en tiras.

• En una sartén antiadherente calentar el aceite de oliva y rehogar el ajo, la cebolla y el pimiento morrón.

• Retirar del fuego y agregar el atún desmenuzado y las sardinas trozadas.

• Picar las hojas de perejil y sumar a la preparación. Condimentar con el pimentón, el tomillo y la páprika.

• Dividir el bollo de masa en dos. Estirar sobre superficie enharinada ambos bollos en forma rectangular hasta obtener una masa de 2 mm de espesor.

• Cubrir con una de estas masas una fuente apenas aceitada.

• Volcar dentro el relleno. Cubrir con la otra masa. Unir ambas masas haciendo un repulgue.

• Hacer un orificio en el centro y poner un cilindro de papel de aluminio para que pueda salir por allí el vapor.

• Con los recortes de masa cortar figuras (hojas, tréboles, etc) y decorar en derredor del orificio. Pincelar la superficie con un poco de leche.

• Cocinar en horno a temperatura fuerte durante 20 minutos y luego a temperatura moderada 25 minutos más.

Paella

■ QUÉ SE NECESITA

1 pollo de 1 y 1/2 kg • 1/4 kg de rabas • 1/4 kg de camarones cocidos • 1/4 kg de mejillones sin valva • 1/4 kg de chauchas • 1/4 kg de arvejas congeladas • 1 cebolla • 2 dientes de ajo • 2 pimientos morrones colorados • 2 tomates perita rojos pero firmes • 1/4 de taza de aceite de oliva • 2 tazas de arroz blanco o mejor aún integral • 1 cucharada de pimentón dulce • 3 cápsulas de azafrán o 1/2 gramo de azafrán en hebras

■ CÓMO SE PREPARA

• Sacarle la piel al pollo y desgrasarlo totalmente. Cortar en 10 presas (a la pechuga cortarla en diagonal por la mitad).

• Cocinar 3 minutos al vapor o en microondas las arvejas. Reservar.

• Cortar las chauchas en diagonal, desechando las puntas y cocinar al vapor 2 minutos. Reservar.

• Picar la cebolla. Pelar y picar el ajo.

• Cortar el pimiento morrón al medio, desechar las semillas y cortar en tiras.

• Pelar los tomates, sacarles las semillas y hacer *concassé*.

• Calentar la mitad del aceite en una paellera y dorar ligeramente el ave. Retirar.

• En la misma paellera agregar el resto del aceite y esperar a que caliente. Rehogar entonces a fuego moderado la cebolla, el ajo y el morrón.

• Cuando la primera transparente sumar las rabas y revolver un par de minutos o hasta que se encojan. Sumar entonces el tomate, el pimentón y el azafrán.

• Cubrir con 4 y 1/2 tazas de agua hirviente (si se optó por arroz integral, sumar 2 tazas más). Incorporar el arroz y mezclar.

• Cocinar a fuego suave hasta que el arroz haya absorbido la mitad del líquido.

• Incorporar entonces el pollo, los mejillones, los camarones, las chauchas y las arvejas.

• Seguir cocinando hasta que quede un poco de líquido. Apagar el fuego y tapar para que el arroz termine de absorber el líquido sin pasarse.

• Servir y disfrutar con amigos.

Canelones

ELABORADO   NO TAN RÁPIDO   MUY ECONÓMICO

CALORÍAS INTERMEDIAS   COMIDA DIARIA ESPECIAL

■ QUÉ SE NECESITA

Masa: 1 taza de leche descremada • 3 claras • 3/4 de taza de harina integral superfina • 1 cucharadita de polvo para leudar • 2 cucharadas de aceite de maíz • 1 cucharadita de sal

Relleno: 2 plantas de espinaca o acelga • 2 cebollas • 400 g de ricota descremada • 4 cucharadas de aceite de maíz • 1 cucharadita de fenogreco molido (o comino) • 1 y 1/2 cucharadita de jengibre molido • 1 taza de salsa de tomate y 1 taza de salsa bechamel light (ver receta en este libro)

■ CÓMO SE PREPARA

• Procesar o licuar todos los ingredientes de la masa. Dejar descansar esta pasta por lo menos 1/2 hora.

• Aceitar apenas una sartén antiadherente y echar un cucharón de la pasta, cocinando a fuego moderado. Cuando el panqueque cuaje no cocinar del otro lado y retirar.

• Repetir el procedimiento con el resto de la pasta, hasta obtener entre 8 y 10 panqueques.

• Aparte, lavar bien las hojas de espinaca o acelga, cortarles la penca y cocinar al vapor aproximadamente 2 minutos. Retirar, escurrir y picar.

• Picar la cebolla y rehogar en una sartén a fuego bajo con el aceite. Colar.

• Mezclar la espinaca o acelga con la cebolla, la ricota, el fenogreco o comino y el jengibre.

• Poner un poco del relleno en el borde de los panqueques y arrollar.

• Acomodar en una fuente antiadherente apenas aceitada y calentar en horno moderado unos minutos.

• Servir los canelones cubriéndolos con las 2 salsas y espolvorear con una moderada cantidad de queso rallado.

Puré de papas

■ QUÉ SE NECESITA

1 kg de papas • aproximadamente 1/2 taza de leche descremada • 10 g de manteca

■ CÓMO SE PREPARA

• Hervir las papas con piel, enteras, en una cacerola con agua durante 25 minutos o pincharlas y cocinarlas en potencia máxima en microondas, unos 18 minutos.

• Pelar las papas en caliente.

• Agregar la manteca y pisar enérgicamente con el pisapapa.

• Añadir la leche descremada caliente y volver a pisar (de ser necesario poner más leche).

• Utilizar como acompañamiento de pescados, carnes y aves.

Calzone

■ QUÉ SE NECESITA

150 g de harina integral superfina • 150 g de harina blanca • 30 g de levadura de cerveza fresca • 2 cucharadas de aceite • 1 cucharadita de azúcar • 1 y 1/2 cucharadita de sal fina • 300 g de mozzarella de bajo tenor graso • 1/2 kg de tomates perita rojos y firmes • 1/2 planta de albahaca • 2 cucharaditas de orégano

■ CÓMO SE PREPARA

• Mezclar la levadura con el azúcar y disolver con 1/4 de taza de agua tibia. Dejar reposar unos minutos o hasta que haga una pequeña espuma.
• En un bol mezclar las dos harinas con la sal. Hacer un hueco en el centro y volcar allí la levadura disuelta y el aceite.
• Integrar todos los ingredientes de a poco, sumando de a chorritos agua tibia en la medida que se necesite.
• Amasar bien el bollo y dejar descansar 25 minutos o hasta que duplique el volumen, en un lugar tibio y tapado con nailon.
• Sumergir los tomates 1 minuto en agua hirviendo. Retirar y cubrir con agua fría. Pelarlos. Cortarlos en rodajas.
• Lavar la albahaca, escurrirla muy bien y separar sus hojas. Picar "groseramente".
• Rallar la mozzarella.
• Sobre superficie enharinada estirar el bollo en forma circular hasta obtener una masa de 3 mm de espesor.
• Cubrir un costado con la mozzarella, arriba ubicar el tomate y esparcir por encima la albahaca. Salar.
• Humedecer los bordes de la masa de un solo lado y cerrarla como si fuera una empanada.
• Ubicar en una asadera apenas aceitada.
• Cocinar en horno fuerte hasta que el *calzone* esté dorado. Espolvorear con orégano.

Lemon Pie

ELABORADO

NO TAN RÁPIDO

MUY ECONÓMICO

CALORÍAS INTERMEDIAS

COMIDA PARA RECIBIR

■ QUÉ SE NECESITA

Masa: 150 g de azúcar • 1 pocillo de aceite de maíz • leche, cantidad necesaria • 250 g de harina • 100 g de fécula de maíz • 1 cucharada de ralladura de limón

Relleno: 250 cc de agua • 100 cc de jugo de limón • 6 cucharadas de fécula de maíz • 2 cucharadas de ralladura de limón • 1 cucharada de aceite de maíz • edulcorante granulado a gusto

Cubierta: 6 claras • 100 g de azúcar • edulcorante granulado a gusto

■ CÓMO SE PREPARA

• Hacer la masa en procesadora, adicionando leche hasta que se forme un bollo.

• Estirar la masa con palo de amasar sobre superficie enharinada y luego calzar en un molde de tarta enmantecado y enharinado. Pinchar la masa y cocinar en horno moderado 10 minutos.

• Mientras, hacer el relleno poniendo todos los ingredientes, menos el aceite y el edulcorante, en una cacerolita.

• Revolver sobre fuego suave hasta que espese. Retirar y dejar entibiar.

• Agregar el aceite, mezclar bien y añadir edulcorante a gusto.

• Retirar la masa del horno y dejar entibiar. Rellenar.

• Batir a punto nieve las claras. Sumarle el azúcar y volver a batir hasta obtener un merengue brillante. Sumar el edulcorante y batir nuevamente hasta que se integre.

• Cubrir el relleno con el merengue.

• Hornear a temperatura fuerte unos minutos más para secar y dorar el merengue.

• Enfriar en heladera varias horas antes de servir.

(Ver foto)

Tiramisú

ELABORADO   NO TAN RÁPIDO   ECONÓMICO

CALORÍAS INTERMEDIAS   COMIDA PARA RECIBIR

■ QUÉ SE NECESITA

150 cc de café de filtro negro • 4 cucharadas de licor Tía María • 4 cucharadas de brandy • 1 cucharada de cacao amargo • 1 cucharada de café instantáneo
***Masa:** 90 g de harina • sal • 6 claras • 90 g de azúcar refinada*
***Crema:** 3 claras • 100 g de azúcar • 500 g de queso dietético • 1 cucharada de esencia de vainilla*

■ CÓMO SE PREPARA

• Calentar el horno a temperatura moderada.
• Enmantecar con pincel un molde rectangular de 22 x 12 cm de no más de 5 cm de alto y forrarlo con papel manteca. Volver a pincelar con manteca y enharinar, retirando el exceso.
• Batir las claras a punto nieve. Agregar el azúcar y seguir batiendo hasta obtener una preparación brillante.
• Tamizar la harina y sumarla al batido de claras, mezclar con espátula suavemente. Verter en el molde golpeteando ligeramente para nivelar.
• Hornear hasta que al tocar la preparación no se adhiera a los dedos, o hasta que se despegue de los bordes. Retirar, dejar reposar 5 minutos y desmoldar sobre rejilla. Retirar el papel y dejar enfriar.
• Cortar la masa al medio y luego en tiras (como si fueran vainillas).
• Aparte, hacer la crema batiendo las claras a punto nieve. Incorporar el azúcar y batir hasta que tengan brillo. Sumar entonces el queso blanco previamente saborizado con la esencia de vainilla e integrar con espátula.
• Aparte, mezclar el café de filtro con el licor Tía María y el brandy en una fuente.
• Pasar los rectángulos de masa por esta mezcla y ubicar 1/3 parte en una fuente apta para llevar a la mesa.
• Cubrir con 1/3 parte de la crema y reiterar las capas hasta terminar con la crema.
• Emparejar la superficie y enfriar en la heladera 6 horas como mínimo.
• Pasado ese tiempo mezclar el cacao con el café instantáneo. Decorar haciendo líneas sobre el postre con el café instantáneo y el cacao amargo.
• Llevar a la mesa y servir en copas individuales.

Budín de pan

■ QUÉ SE NECESITA

5 tazas de miga de pan integral o de salvado • 2 tazas de leche descremada • 200 g de queso blanco dietético • 300 g de azúcar • 6 claras • 100 g de pasas de uva rubias sin semilla • 50 g de nueces picadas • 1 limón • 2 cucharaditas de canela molida • 2 cucharadas de coñac • edulcorante granulado, a gusto

■ CÓMO SE PREPARA

• Poner en un jarrito 200 g de azúcar y cubrir con un poco de agua. Calentar sobre fuego moderado hasta obtener un caramelo.

• Acaramelar con él una flanera o budinera de tubo.

• Remojar la miga de pan integral o salvado en la leche descremada, durante 15 minutos.

• Recién entonces desarmar la miga totalmente con las manos hasta obtener como un bollo.

• Rallar la cáscara del limón (evitar la parte blanca pues es amarga).

• Incorporarle las pasas de uva, las nueces, el coñac, la canela y la ralladura de la cáscara de limón a la miga de pan remojada. Mezclar.

• Poner el queso blanco dietético. Mezclar.

• Endulzar con el edulcorante granulado, a gusto (poner, mezclar, probar).

• Batir las claras a punto nieve. Agregar el azúcar y volver a batir hasta que tengan brillo

• Con movimientos envolventes incorporar las claras a la preparación de miga de pan.

• Volcar en la flanera o budinera acaramelada.

• Cocinar a baño de María durante 50 a 60 minutos o hasta que la preparación cuaje.

• Enfriar en la heladera varias horas. Desmoldar y servir.

Arroz con leche

■ QUÉ SE NECESITA

3/4 de taza de arroz blanco o, mejor aún, integral • 1 litro de leche descremada • 3 cucharadas de miel • gotas de esencia de vainilla • canela y edulcorante granulado, a gusto

■ CÓMO SE PREPARA

• Poner en una cacerolita antiadherente el arroz, la leche y la miel.

• Cocinar sobre fuego suave, destapado, revolviendo cada tanto.

• Cuando el arroz haya tomado una consistencia cremosa, retirar del fuego. Perfumar con la esencia de vainilla y endulzar con el edulcorante; mezclar.

• Enfriar en heladera unas horas y servir en copas, espolvoreando con canela.

Stollen

 ELABORADO

 NO TAN RÁPIDO

 MENOS ECONÓMICO

ALTAS CALORÍAS

COMIDA PARA RECIBIR

■ QUÉ SE NECESITA

1/2 kg de harina blanca • 1/2 kg de harina integral superfina • 80 g de levadura fresca de cerveza • 1 taza de leche tibia • 1 y 1/2 taza de azúcar • 3/4 de taza de aceite de maíz • 250 g de pasas de uva rubias sin semilla • 100 g de pasas de uva de Corinto • 200 g de almendras sin cáscara • 100 g de cáscara de naranja abrillantada • 100 g de cáscara de limón abrillantada • 1 vaso de ron • azúcar impalpable, cantidad necesaria

■ CÓMO SE PREPARA

• Picar grueso las almendras Hacer una juliana con las cáscaras abrillantadas.

• Mezclar ambos ingredientes con las pasas de uva y con el ron. Dejar reposar varias horas.

• Disolver la levadura con 1/2 taza de leche tibia y 1 cucharada de azúcar. Esperar a que haga espuma.

• Agregar entonces el resto de la leche, el azúcar, el aceite y batir.

• Hacer una corona con las dos harinas tamizadas y ubicar en el centro la preparación anterior.

• De a poco integrar los elementos secos con los líquidos hasta obtener un bollo. Amasar bien.

• Poner en un bol apenas aceitado, tapar con nailon y estacionar en un lugar cálido hasta que duplique el volumen.

• Estirar con palo de amasar sobre superficie enharinada. Esparcir por encima de la masa estirada las frutas bien escurridas.

• Arrollar la masa y trabajar nuevamente hasta que todas las frutas queden bien adheridas. Volver a estacionar y esperar a que duplique el volumen.

• Nuevamente, sobre superficie enharinada, estirar la masa hasta que alcance unos 3 cm de grosor. Doblar en dos.

• Ubicar en una placa apenas aceitada, cubrir con repasador y dejar levar.

• Hornear a temperatura moderada suave durante aproximadamente 55 minutos o hasta que al pinchar con palillo salga limpio. Retirar, dejar entibiar y espolvorear con abundante azúcar impalpable.

• Cuando esté frío, cortar en finas rodajas y servir.

Pastafrola

 ELABORADO

 NO TAN RÁPIDO

 MUY ECONÓMICO

ALTAS CALORÍAS

COMIDA DIARIA ESPECIAL

■ QUÉ SE NECESITA

Masa: 150 g de harina blanca • 150 g de harina integral superfina • 50 g de fécula de maíz • 100 g de azúcar •1/4 de taza de aceite de maíz • leche descremada, cantidad necesaria • 1 cucharadita de esencia de vainilla
Relleno: 400 g de dulce de membrillo

■ CÓMO SE PREPARA

• Procesar todos los ingredientes de la masa adicionando la leche de a poco hasta que se forme un bollo.

• Estirar sobre superficie enharinada con el palo de amasar de tal modo de obtener un disco.

• Forrar con él una tartera enmantecada y enharinada, recortando prolijamente los bordes.

• Con los restos de masa hacer un bollo, volver a estirar y cortar tiras de 1 cm de ancho. Reservar.

• Poner el dulce en un bol y agregar 1/4 de taza de agua hirviendo, pisarlo con un tenedor hasta que se ablande (de ser necesario, sumar más agua hirviendo).

• Rellenar la tarta con el dulce. Cubrir con las tiras de masa, entrecruzándolas. Pincelar con leche.

• Hornear a temperatura moderada durante 35 a 45 minutos, o hasta que esté cocida.

Panqueques de manzana

 ELABORADO

 NO TAN RÁPIDO

 MUY ECONÓMICO

ALTAS CALORÍAS

COMIDA DIARIA ESPECIAL

■ QUÉ SE NECESITA

6 manzanas grandes • 12 cucharadas de azúcar • 8 cucharaditas de manteca • 1 taza de leche • 3 claras • 1/2 taza de harina blanca • 1/4 de taza de harina integral • 1 cucharadita de polvo leudante • 2 cucharadas de aceite de maíz • 2 cucharadas de azúcar

■ CÓMO SE PREPARA

• Licuar o procesar la leche con las claras, las harinas, el polvo leudante, el aceite de maíz y 2 cucharadas de azúcar.

• Dejar descansar por lo menos 1 hora en la heladera o lugar fresco.

• Enmantecar ligeramente una panquequera de teflón, calentarla y echar un cucharón de la mezcla moviendo ligeramente la panquequera para que se desparrame la pasta.

• Cocinar el panqueque y retirar, sin dar vuelta . Hacer lo mismo con el resto de la pasta.

• Pelar las manzanas y cortar en delgadísimas tajadas.

• En la misma panquequera poner 1 cucharadita de manteca.

• Derretirla y agregar 1 y 1/2 cucharada de azúcar.

• Acomodar encima unas tajaditas de manzana y cubrir con un panqueque, poniendo contra la manzana la parte que no se cocinó (la más clara).

• Cocinar a fuego suave hasta que por los bordes del panqueque se filtre un caramelo claro.

• Cubrir con un plato la panquequera y darla vuelta como si se tratara de una tortilla.

• Reiterar el procedimiento con los 7 panqueques restantes. Servir de inmediato.

Linzer torte

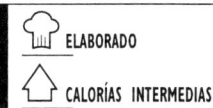
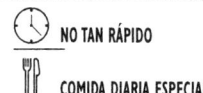

■ QUÉ SE NECESITA

1 taza de azúcar • 1taza de harina integral superfina • 1/4 taza de harina blanca • 50 g de almendras • 1/2 taza de aceite de maíz • 1 cucharada de algarroba molida • 2 claras • 400 g de mermelada dietética de frambuesas o grosellas • 1 cucharada de canela en polvo • 2 cucharaditas de pimienta de Jamaica molida • 1 cucharadita de jengibre molido • azúcar impalpable, cantidad necesaria

■ CÓMO SE PREPARA

• Procesar las almendras.

• Mezclarlas con la harina, la algarroba, la canela, la pimienta de Jamaica y el jengibre.

• Batir las claras con el azúcar. Agregar el aceite y volver a batir.

• Sumar los ingredientes secos y mezclar hasta obtener un bollo. Envolver en papel film y enfriar en la heladera durante 30 minutos.

• Retirar, dividir en dos partes (una un poco más grande que la otra) y estirar con palo de amasar sobre superficie enharinada.

• Forrar un molde cuadrado, previamente enmantecado y enharinado, con la masa más grande. Rellenar con la mermelada.

• Cortar la otra masa en tiritas y hacer un enrejado cubriendo la mermelada.

• Limpiar prolijamente los bordes, cortando los excedentes.

• Cocinar en horno moderado hasta que esté lista.

• Retirar, cortar en cuadrados y cuando entibie espolvorear con azúcar impalpable.

Apple Pie

🎩 ELABORADO   🕐 NO TAN RÁPIDO   💲 MUY ECONÓMICO

🏠 CALORÍAS INTERMEDIAS   🍴 COMIDA DIARIA ESPECIAL

■ QUÉ SE NECESITA

1/2 taza de harina • 1/2 taza de harina integral superfina • 1 taza de azúcar • 2 cucharadas de fécula de maíz • 1 pocillo de aceite de maíz • leche descremada, cantidad necesaria • 2 cucharadas de canela molida • gotas de esencia de vainilla • 1/2 cucharadita de nuez moscada rallada • 1 cucharadita de pimienta de Jamaica molida • 5 manzanas • 1/2 taza de edulcorante granulado

■ CÓMO SE PREPARA

• Poner en la procesadora o amasadora las dos clases de harina, la mitad del azúcar, la fécula, la mitad de la canela, la esencia de vainilla y el aceite. Procesar hasta obtener una masa grumosa.

• Agregar leche descremada de a chorritos, procesar y continuar así hasta obtener un bollo.

• Retirar y dejar descansar la masa 20 minutos.

• Dividirla en dos partes, una más grande que la otra.

• Sobre superficie enharinada, con palo de amasar, estirar la masa, en forma circular, hasta obtener un disco de masa de no más de 3 mm de grosor.

• Enmantecar y enharinar una tartera tipo *pie* (alta) y cubrir con la masa, recortando los bordes.

• Pelar las manzanas y cortarlas en finas tajadas. Tapizar con la mitad de ellas la masa de *pie*.

• Mezclar el resto del azúcar con el edulcorante, la restante canela, la nuez moscada y la pimienta de Jamaica.

• Cubrir las manzanas con la mitad de esta preparación. Tapar con las manzanas que quedaron. Espolvorear con la mezcla de azúcar restante.

• Estirar sobre superficie enharinada la otra masa y cubrir con ella el pastel, recortando los bordes.

• Hacer en el centro un agujero y poner en él una "chimenea" de papel de aluminio para que por allí salga el vapor.

• Hornear a temperatura moderada aproximadamente 30 minutos y a temperatura suave 25 minutos más.

• Retirar, cortar en porciones y servir tibia, si se desea sobre un espejo de yogur dietético de vainilla.

Crêpes Suzette

■ QUÉ SE NECESITA

1 taza de leche • 3 claras • 1/2 taza de harina blanca • 1/4 de taza de harina integral • 1 cucharadita de polvo leudante • 4 cucharadas de salvado de avena • 2 cucharadas de aceite de maíz • 2 cucharadas de azúcar • 1/4 de taza de licor de naranjas • 3 naranjas • 20 g de manteca • edulcorante granulado a gusto

■ CÓMO SE PREPARA

• Poner la leche, las claras, las dos harinas, el polvo leudante, el salvado de avena, el aceite de maíz y el azúcar en una licuadora o procesadora y hacer funcionar hasta obtener una preparación homogénea.

• Dejar descansar entre 1/2 y 1 hora.

• Pincelar apenas con aceite una panquequera antiadherente, echar un cucharoncito de la mezcla —para hacer una capa delgada— y cocinar a fuego suave la *crêpe*.

• Cuando la superficie esté cocida (la pasta no se adhiere a los dedos), retirar sin cocinar del otro lado. Del mismo modo hacer el resto de las *crêpes*.

• Retirar con un *zester** la piel de la naranja o pelarla con un cuchillo y cortar en juliana.

• Poner en un jarrito, cubrir con 5 cm de agua y hervir 10 minutos. Colar y reservar. Exprimir las naranjas y colar el jugo.

• En una sartén grande y profunda derretir la manteca. Incorporar las cascaritas de naranja, el jugo, el licor de naranjas y el edulcorante.

• Cuando la preparación esté caliente sumergir en ella las *crêpes* dobladas en cuatro, dejando que se impregnen. Retirar y servir tibias.

---

* **APARATITO TAMBIÉN LLAMADO "RASPACÍTRICOS" QUE SE VENDE EN LOS BAZARES DE PRODUCTOS IMPORTADOS Y QUE TIENE UN FORMATO SIMILAR AL DE UN PEQUEÑO RASTRILLO.**

Pan dulce

■ QUÉ SE NECESITA

1/2 kg de harina blanca • 1/2 kg de harina integral superfina • 100 g de levadura fresca de cerveza • 1/2 taza de aceite de maíz • 1 taza de azúcar • 3/4 de taza de leche tibia • 4 claras • 200 g de pasas de uva rubias sin semilla • 100 g de fruta abrillantada • 300 g de frutas secas peladas (nueces, almendras, avellanas) • 1 cucharada de esencia de vainilla • 2 cucharadas de extracto de malta • 2 cucharaditas de agua de azahar

■ CÓMO SE PREPARA

• Disolver la levadura con 1 cucharada de azúcar y la mitad de la leche tibia. Esperar a que espume.

• Agregar el resto de la leche, el azúcar, el aceite, la vainilla, el extracto de malta, el agua de azahar y las claras. Batir.

• Hacer una corona con las dos clases de harina y ubicar en el centro la preparación anterior. Mezclar de a poco los ingredientes secos con los líquidos hasta obtener un bollo y amasar enérgicamente.

• Poner en un bol apenas aceitado, cubrir con nailon y estacionar en un lugar cálido hasta que duplique el volumen.

• Sobre superficie enharinada estirar la masa con palo de amasar, en forma rectangular. Esparcir por encima todas las frutas. Pasar por encima el palo de amasar para que se fijen a la masa.

• Arrollar y amasar unos minutos.

• Dividir el bollo en cuatro partes iguales y ubicarlos en moldes de papel para pan dulce de 500 g.

• Dejar levar nuevamente, tapados con repasadores, hasta que dupliquen el volumen.

• Hacer un corte en cruz en la parte superior de los pan dulces con una hojita de afeitar o bisturí. Pincelarlos con leche.

• Cocinar en horno precalentado a temperatura moderada suave unos 50 minutos o hasta que al pincharlos con un palillo, éste salga limpio.

• Retirar, dejar enfriar bien y envolver en papel film.

• Guardar en latas varios días.

DIRECTIVAS DE LA ASOCIACIÓN CARDIOLÓGICA AMERICANA (American Heart Association)

Éstos son los sabios consejos alimentarios brindados por una de las más especializadas asociaciones del mundo sobre este tema, que sólo avala aquello que está comprobado a través de estudios serios y responsables.

- Consumir como máximo 3 yemas por semana, incluyendo los huevos que se utilizan dentro de las comidas.

- Limitar el consumo de carnes grasas y embutidos.

- Evitar las frituras.

- Reducir el consumo de vísceras y moluscos.

- Elegir sistemas de cocción que ayuden a desgrasar la comida: alimentos cocidos en batería antiadherente, al vapor o asados.

- Reemplazar la manteca, la crema y otras grasas de tipo saturadas por poli y monoinsaturadas.

- Privilegiar el pescado antes que el pollo, y el pollo antes que la carne.

- Preferir los lácteos descremados a los enteros.

- La ingesta total de grasas no debe representar más del 30% del total diario de calorías. Ese 30% se subdivide en un 10% para grasas saturadas, un 10% para grasas poliinsaturadas y un 10% para grasas monoinsaturadas.

Índice

CAPÍTULO 4

CAPÍTULO 5

Índice de recetas por clasificación culinaria

SALSAS

POSTRES

SOBRE LA AUTORA

Cecilia de Imperio, en épocas en que la cocina francesa parecía ser la única existente, comenzó a desarrollar una cocina totalmente diferente. De un modo muy personal, casi intuitivo, su vocación fue guiándola hacia una cocina sana y a la vez sabrosa, con un marcado énfasis en la condimentación con hierbas y especias.

Pero empecemos por el principio. Cecilia de Imperio se graduó como Bachiller con Orientación Docente a los dieciocho años, y como Licenciada en Comunicación Social en la Universidad del Salvador, a los veintitrés. Asistió a numerosos cursos culinarios dentro y fuera de la Argentina; a pesar de ello, se considera una autodidacta.

Desde 1990 dicta cursos de cocina con regularidad; entre ellos, se destaca un original curso denominado *Cocina para sentirse bien*. De hecho, es la única especialista en el país en enseñar a cocinar con más de sesenta hierbas y especias.

Es autora de tres libros: *Cocina anticolesterol, Cocina para sentirse bien* y *Cocina aromática*. Actualmente, colabora en distintas revistas de actualidad, como el suplemento *Ollas & Sartenes* del diario *Clarín*.

En televisión, durante 1993 y 1994 participó en el programa "Vivir mejor", del doctor Alberto Cormillot, y desde 1995 se desempeña como ecónoma exclusiva del programa "**Utilísima**".

Ensaladurcé — tomate
+Apio?   paelte
                              + almendras
+minyonas   nueces + fruta / Roán
  verdes ?   + aceite + vinago sherry
              + perejil
+[pollo?]

+MUZARELLA?
  berenjenas asodos
      + tomate

albahaca = boui